나는 눈 오는 날 붕어빵 집에 간다

나는 눈 오는 날 붕어빵 집에 간다

초판 1쇄 인쇄 | 2022년 10월 31일
지은이 | 이석규
펴낸이 | 이재욱(필명:이승훈)
펴낸곳 | 해드림출판사
주 소 | 서울 영등포구 경인로82길 3-4(문래동1가 39)
센터플러스빌딩 1004호(07371)
전 화 | 02-2612-5552
팩 스 | 02-2688-5568
E-mail | jlee5059@hanmail.net

등록번호 제2013-000076
등록일자 2008년 9월 29일

ISBN 979-11-5634-523-7

해드림출판사

시인의 말

나무나 가벼운 이 시대의 표상인 지고지순을 뒤돌아보다

어느 마라톤 선수가 오르막을 오를 때처럼 내 글쓰기가 새삼스레 낯설고 옆길로 샐 길도 보이고 주점酒店도 보일 때, 어쩌다가 멀어져 버린 꽃이나 그리운 이름 같은 등대, 바위, 섬에 산다는 구실로 너무나 헤프고 나무나 가벼운 이 시대의 표상인 지고지순을 뒤돌아보았다. 이맘때, 그토록 그리운 섬이 걸핏하면 안개를 두른 것도 그 때문일 것이다.

첫 시집 「빈 잔의 시놉시스」는 이메 김재천 시인이, 두 번째 시집 「외할아버지 기도」는 하나님이, 세 번째 시집 「나는 눈이 오면 붕어빵 집에 간다」는 어머니가 붙여주셨다. 세 분의 격려에 깊은 감사를 드리며 늘 응원해 준 딸들과 해드림 출판사 이승훈 대표님과 해설을 써 주신 이충재 문학평론가의 호의에 눈물이 나는 고마움을 느끼고 있다.

더욱 열심히 정진할 것을 약속드린다.

2022년 10월

心川 이석규

차례

1부 고목 옆에서

2부 시골 기행

3부 인연

4부 나는 눈이 오는 날은 붕어빵 집에 간다

1부

고목 옆에서

새해 기도

한 포기 어린 꽃을 가꾸듯 살면서
아침에는 아침이슬로 일어나서 해처럼 일하다가
밤에는 고단한 잠을 지키는 따스한
등불이 되게 하소서

어지럽고 목마르던 말뿐인 정에
부디 눈감게 하시고
냇물이 바다에 이르기까지의 길을
내 꿈의 주소로 삼게 하소서

우리 사이가 술 숲에 갇힌 달빛일지라도
실망하거나 낙심하지 않게 하시고
신의 하나로 기쁨과 슬픔을 함께 나누는
진하고 맑은 우리 되게 하소서

오늘을 내 마지막처럼 살게 하시고

진실이 나의 밥이 되고 정의가 발이 되어
나의 일터와 가정에 평화가 넘치게 하소서.

운명運命

새가 땅을 박차고 훨훨 날아가더니
겨우 하늘 한구석이다

그렇다면 예서 인사라도 해야지
먹여주고 재워준 새들은
그 사랑 그 은혜 까맣게 잊고, 숨이 차
나뭇가지에서 한 번 쉬고 하늘에 오르는데
아, 거기도 하늘이 먼저와
네 어릴 적으로 나를 보라 한다
오래된 바람에 내 땀방울을 넣어두었으니
나를 한 번 더 쳐다보라 한다
짝지어 떠난 새들을 향하여
하늘이 말한다

하늘을 떠난다는 것은 높이가 아니다
하늘을 떠난다는 것은

하늘에서 받은 그 갸륵한 사랑을
농사지으러 가는 것이다
그러므로 짝지어 떠났어도 여전히
하늘 아래이다

짝지어 떠났어도
바람이 세게 불 때마다
밥은 잘 먹고 화목하게 잘 사는지
새끼들은 언제 낳아 데리고 올 건지
늘 걱정되어
자식들 자나 깨나 늘 잘 되기를 비는
기도 제목 하나만 더 늘었다.

설날에는 떡국에도 별이 뜹니다

설날에는 떡국에도 별이 뜹니다
반짝반짝 빛나는 수많은 별

어머니의 잔주름에
아버지의 땀방울에
곱게 빛나는 별들입니다

설날 떡국에 별이 뜨면
설날 아침은 나의 어린 시절이 되어
부모님의 참사랑을 일깨워줍니다

그래서 설날에는 까치들이
요즘 부모님의 맛이 궁금한 사람이 있는가 보려고
그런 싸가지가 있는 사람이 있는가 보려고

새벽부터 우리들 창가를 기웃거리면서
깍-깍깍-깍깍-깍 웁니다

수로부인*

당신이 입으로 쇠를 녹일 때
나는 당신을 한번 울고 죽고 싶은 가시나무 새라 했다
당신이 벼랑에 핀 철쭉꽃을 가지고 싶다고 했을 때
나는 당신을 유난히 빛나는 별이라 했다
기품있는 발걸음으로 내게 다가와 언제까지
날 시詩 속에서만 살게 할 거냐고 불평하다가
오늘 또 용서하면서 되돌아간다고 했다
들리는 풍문으로는 당신은 우릴 만나게 해준
철쭉꽃을 키우며 살았다 한다
그런데 우릴 만나게 해준 황소를 볼 때마다
반가워 달려가면은
당신은 더욱더 아름답고 즐거운 나라로 가고 있어
나는 다시 꽃 피는 봄을 기다리며
당신이 그토록 좋아하는 철쭉꽃 옆에 풀 되고 말았다
나는 이 산중에서 당신을 그렇게 기다리다가
죽어도 후회는 없다.

---

* 수로부인 : 삼국시대 신라의 사구체 향가〈헌화가〉의 주인공이다.

어머니의 군고구마와 동치미

시골 어릴 적,
눈도 손뼉 치면 꽃이 되는 날
어머니가 이웃집에 마실 가시자
나는 신주머니에서 꺼낸 구술과 딱지를 세다가
짝꿍, 순이에게 쓴 편지를 전할까 말까
그런저런 궁리를 하다가
헛간에 병아리처럼 깜박 졸았던 때 있었다
그다음 얘기 궁금하지? 그때 오줌이 마려워 어머니를
찾으면 쥐 쫓다가 놓친 고양이만 야옹야옹 울었지
그런 겨울밤 가끔 이불에 지도를 그렸어도 어머니
어느새 마실서 돌아와 하나도 야단 안 치시고
얼음이 살짝 언 동치미 한 사발에 군고구마
그 찐득찐득한 것을 까 주고 까 주셨지
우리도 언젠가는 어릴 적에 부모님에게 받은
군고구마와 동치미 사랑을 돌려 드려야 할 날이 올 것이다.
내가 싫든 좋든 그 사랑의 청구서가 날아올 날이 올 거다

그러기에 부모님께서 힘들고 아플 때는
어서 빨리 어릴 적으로 돌아가야 하리라
어머니께서 주신 군고구마와 동치미로 돌아가야 하리라
그러나 사랑은 돌아가는 것이 아니라
오늘, 현재하는 것이니
오늘 잘하지 못하면 내일을 절대로 기대하지
못 하리라.

사량도

사량도에 오시려거든
외로움 넘고 욕심 건너서 오시라
비록 옥녀봉 옥녀에게 끌리어 떠났어도
외로운 만큼 성숙해지고 외로운 만큼 깊어지는
사량도 바다로 오시라
바람이 세게 분다고 주저앉지 마시고
첫 마음으로 그 설렘으로 오시라
더러는 허무 뛰어넘고 절벽 뛰어넘어
저 옥녀봉 정상에 오르시라
그리하여 그리움이란 그리움은
모조리 별이 된다고 외치시라
사량도엔 좋은 바람은 잘 오지 않고
좋은 바람이 오더라도 오래 머물지 않는다
관습에 굴복하는 거야말로 자기기만이다
그대와 함께라면 신뢰에는 땀방울,
의심에는 소금 칠 데 어디 없으랴만

거짓에 시달리지는 않는 나라에 살고 싶다
푸른 바다 하얀 파도에 부초 같을지라도
사량도에 오시려거든
더 높일 수도 없고 더 낮출 수도 없는
그리움으로 오시라
오시다가 지루하면 아리랑 가락으로 오시라
힘들면 그 어깨춤으로 오시라
나의 힘을 자랑하기 위해서가 아니라
내가 더욱 겸손하고 낮아지기 위해 오시라
세상에서 가장 귀한 일은
사랑하는 사람의 마음을 얻는 일이니
나의 사랑을 진정으로 신뢰하고
오직 그리워하는 법으로 오시라.

소래 염전

너 떠나고부터
팍!

그래, 팍!
사그라진 게 어디
너 하나뿐이랴

그 이후 안진원 작가 죽고
오서하 작가도 연락 끊기고
심지어 내 소금 창고 같았던 김 사장조차
이천이십이년 팔월까지 아무도
못 보고 아무 연락도 없다고 함,
모든 전화가 추억으로만 연결됨,
모든 번호가 그리운 얼굴로만 떠서
울지도 웃지도 못하고 있음,
밤비와 갈대의 순정에 젖에

이 봄이 다기기 전에 우연히라도
한 번 만날 수 있기를 빌고 있음,
잊히지 않는 환한 그 미소
눈물 삼아.

바람 부는 섬에서

홀로 인사동 찻집, 바람부는섬에서
연인들이 정답게 만나는 것을 보는 날은
겨울 바다를 보러 가려던 궁리 잠시 내려놓고
치킨에 맥주 한 잔은 해야 하리(그러나 누가 날
부르는 듯 그냥 어디로 막 가고 싶다 그러나)
오늘은 저기 저 선술집에 들어가 막걸리나 축내다가
그 모퉁이 악사나 광대로 집에 돌아가리라
이런 마음 이런 발길 이런 밤에 혹시
장미꽃 한 송이에 사는 그대가 올지 모르니
휘황찬란한 황금마차를 타고 내게 올지 모르니
꽃망울 같은 그대를 벌 나비로 기다려 보는 거지
그래도 안 오면 액세서리 가게 지나 화랑畫廊 지나
지하철 타고 우리 동네에 내려
우리 집 모퉁이에 있는 로또복권 집 앞에서
그대를 더 한번 기다려 보는 거지
환하게 미소 띠고.

말言

양심이 꽃다발이다!

내 말에 그대가 상처를 입을까 봐
나의 모난 것을 다듬는 고통이
이상과 현실을 아우르는 진통이
꽃다발이다.

배려가 꽃다발이다!

내 말에 그대와 나의 의가 상처를 입을까 봐
내가 조금 손해 본 그때가
내가 조금 양보한 그때가
꽃다발이다.

그대는 알고 있을까

그대는 알고 있을까
그대 아름다움 속에 자라나는 나의 고독을
그대 고독에 스며 있는 내 애창곡을
어린 장미꽃까지 마구 흔드는
몹쓸 바람들의 무한 허무를
그대는 알고 있을까
그대의 목소리를 쏙 빼닮은 한 가수가
내 애창곡 My Way를 부르고 있는 것을
우연인지는 잘 모르겠으나
내가 들은 노래마다 그대와 나 사이를
노래하고 있는 것을
그대는 알고 있을까
윗목에 웅크린 고양이는 벌써
친구 만나러 가는 꿈을 꾸나 본데
그 가수는 아직도 매일 듣고 싶은
내 노래, My Way를 불러

저 홀로 놀고 저 홀로 밝은
스탠드 아래 책상다리만
가만가만 만져보는 것을
그대는 알고 있을까
알고 있을까?

돼지 속 남자

꿀꿀꿀

예나 지금이나 돼지는
먹이 앞에선 물불을 가리지 않는 식충이다
혹은 부끄러움을 모르는 철면피

돼지는 나의 무지,
돼지는 나의 오욕五慾,
돼지는 나의 이기주의,
제 욕심만 좇는 삶은 온통
돼지를 닮아간다

이제라도 안갯속을 쩔쩔 헤매는 이에게
네 노래 들려줄 목청은 있는가?
네 가장 좋아하는 음식을 나눠어 줄 손은 있는가?
부친한테 빌딩도 물려받은 부자가 집안 어른

부의賻儀,등 떠밀려 오만 원 했던데
또 그럴 건가?
이제라도 울 아버지가 종중 땅 사는데 돈 많이 냈다는
같잖은 자랑 그만하고
친척들이 다 모이는시제時祭 때라도
합환주合歡酒한 동이 낼 용의는 있는가?
지금 일 버겁다고 더 짐 지우면 안 나온다고 협박하는
너만 생각하면 정말 꿀꿀하고 무섭기까지 하니
내가 먼저 그냥 떠날까?
어떤가 돼지여.

광한루

남원 광한루에 가서 이몽룡을 향한 춘향이의 일편단심을 조금이라도 느껴본 분 들은 안다 이 세상에는 부귀영화를 최고로 치지만 나로서는 그렇지가 않다 지고지순이 최고다 광한루에는 배신과 절개節介가 숨 쉰다 그리고 그 이정표이기도 하다 경계는 없다 숨 쉬는 모든 것들은 못다 부른 노래가 너무 많아 갈등과 번민이 많다 특히 사랑이 그러하다 편하고 좋은 것만 좋은 것이 아니다 첫만남 첫마음으로 쭉 가다가 마침내 고난까지도 감수하는 게 진짜다 춘향이에게 지고지순이 없다면 고난도 없었을 것이다 그 명성과 그 추앙도 없을 것이다 물론 광한루도 없었을 것이다.

간월도

간월도 난간에 식구들 세워놓고
사내 하나 갯벌로 걸어 들어간다.
걷다 얼굴에 흙탕물로 머드팩하고
절뚝절뚝 게 구멍도 구멍이라고 파는데
얕은 물가에 아직 못 빠져나간 숭어들은
뭐 나 잡아 봐라 그런 놀이하는 게 좋아서
펄쩍펄쩍 뛰면서 어쩔 줄을 모르는데
망둥이 새끼는 엄마 곁에 붙어서서
아빠한테 배운 대로 차렸을 하고
엄마 눈만 눈 빠지라 쳐다보고 있는데
그 난간 그 식구들 사이로는
웬 어린아이 풍선 고래가 빼꼼히 내다보는데
붕어빵 봉지를 들고, 형인지 누나인지
막 길 좀 비껴달라고 부산한데
밀물이 느닷없이 쫙 몰려온다.
갈매기가 끼룩끼룩 운다.

흰금강초롱꽃

우린, 홀로 되어봐야!
외딴 오막살이 외로움을 아니
저 홀로 천지간을 밝히는
등燈의 소중함을 아니
우린, 아끼던 것을 잃어 봐야
이따금 노래 불러주던 풀벌레도
늙은 늦가을 늙은 가을볕도
잃어봐야 그 고마움을 아니
어쩌랴, 너를 몇 미터 앞에 두고
비바람과 맞서다가
그 외로움과 싸우다가
고아 아닌 고아가 되어서야
싱그러운 아침이슬 같은 너,
늘 주기만 하는 샘물 같은 너,
네 생각에 빠진
뜨거운 이 눈물을 어쩌랴

어쩌랴, 이제라도 잔꾀를 부리지 않고
열심히 네게 달려가려는
이것 또한 어쩌랴…….

여름밤

- 공주의 장章

공주여 여인이여!
그대는 왜 달에 가 계십니까?
우리는 같은 하늘 아래 살지만
우리 사이에는 깊고 넓은 구름이
온종일 끼어 있습니다

오늘따라 깔따구 모기들 떼로 몰려와
가시나무새와 불나비 구분마저 무색해,
어린 꽃으로 그댈 우러러보는데
구름의 달처럼 나옵니다
앗, 구름에 숨어 버립니다

먹구름 베고 잠든 그대,
기다리다 안 오면 쫓아갈 것이며
그리하여
저승의 문턱까지도 쫓아갈 것입니다

공주여 여인이여!
이 모든 게 달 같은 그대 그리움
달에 그대 얼굴이 비친
탓이라고 생각합니다.

전화 한 통

안전이 곧 안심이라는 뜻일까?
안전이 곧 행복이라는 뜻일까?
학교 선생인 큰딸이 3시간 반을 운전해서
임지에 잘 도착했다는 전화 한 통에
무사히 도착하기를 마음 졸이며 기도했던
내 기도가, 봄날 목련꽃처럼 핀다
아비는 평생 딸 위해 이파리가 되어도 행복한 게라고
그저 목소리만 들어도 행복한 게라고
주님께 감사찬송을 드리면서
끝없이 스승의 길을 걷고 있을 딸이
드보라 같은 선생님이 되기를
또 기도했다.

그대의 향기

그대는 지금 안 보여도
그대의 향기는 여기까지 나니
나는 전혀 슬프지 않습니다.
그대는 나로 멀리 떨어져 있지만
그대의 향기는 여기까지 나니
그대를 생각만 해도 나는
만난 것처럼 반갑고 기쁩니다.

산을 넘고 물을 건너는
이 정성이 깃든 향기!
그대가 만일 나를 잊었다면
여기까지 날 수는 없을 테니까.

고목 옆에서

온갖 풍상에 부러진 가지가
울음 울어 자꾸 울어
몇십 년의 봄을 맞이하고서야
내가 낮아져야 어른이 되고
내 나이만큼 상대를 배려해야
내 나잇값 하는 것을 알았다

누구나 다 늙어도
누구나 다 정신이 늙지 않는다.
누구나 산비탈을 지나
산 정상에 오르는 것,

부귀도 한순간이다
젊음도 한순간이다

설령 마음이 있다고 해도

아무것도 할 수 없는 고목을 보면
쓰고 남은 것을 베푸는 것이 아니고
내 소중한 것을 나누는 것,

깨어 있고 개념 있는 자만이
진정한 어른이다
내 주위에 어려운 자들과
내 어려운 형제자매를 외면하지 말라
부모님께서 내게 주신 이름 석 자를
더럽히지 말고
존귀의 길로 가라.

2부

시골 기행

홍도

겉만 보면 그냥 평범하다 못해 검다.
온 전체를 돌아보면 기암괴석 절경이다.

그대도 그렇다.

막막한 바람이 어둠침침한 눈을 비비면
높은 바위도 아주 낮아 보인다.
바위에서는 길이 따로 없다.
바위를 자꾸 걷다 보면 언젠가는 땅이 나온다.

우리 사랑도 그렇다.

베트남 다낭 미케비치

파도가 모래에 왔다 간다
여긴 세계 5대 비치라던데
파도가 모래에 놀러 왔다가 그냥
간다 아무도 간섭하지 않는다 그냥 왔다
그냥 간 파도 속에서 그대에게 가는 길의
소리를 듣는다 파도가 떠난 그 비탈에서
갑자기 사라진 길을 고래고래 부르니
깊은 길만 천천히 오는구나
그렇지 않은 건 다 가지, 친구도, 정도
심지어 사랑까지도 얕은 건 다 가지
그러나 새우는 모래가 풀에 숨고 지친 풀이
파도에 누워도 간다 파도 타고 간다
파도에 몸이 할퀴고 치인다 그래도 간다
손을 흔들며 간다 새우들은 파도에서
저 꿈이 크는 소리를 듣는다 진실하라
진실 하라는 파도 소리….

베트남 후에 왕궁에서
- 어머니

비가 간간이 내리는 날 내가 걷는
후에 왕궁에 어머니가 찾아온다 어느 날 불쑥
그대 사무실에도 찾아가리라 비가 내려도
비옷을 입고 망고를 잔뜩 든 장사꾼이
내 앞을 지날 때면 내 어릴 적
진자리 마른자리 그 눈물 콧물 닦아 주시던
어머니도 시장바구니에 먹을 것을 잔뜩 사 들고
왕궁 입구로 들어선다
왕궁을 구경한 여행객들은
이제 곧 끝날 왕궁 가이드의 마지막 안내
종묘에서 내 생을 돌이켜보면서
동안 흐렸던 형제자매 간의 정과 사랑을 닦으리라
행동은 굼뜨고 마음만 크게 발달한
이 지상에서 곧 없어질
저 먼 나라 효의 소리를 듣는다
그 먼 나라는 그들이 다 죽을 때까지

마음만 크게 쓰리라
다리가 불편해 걷기조차 힘든 어머니를 모시고 온
아들 며느리 손자 손녀들은
나의 오늘을 있게 하심에 감사하며
어머니를 저 왕궁 옥좌에 앉히고 싶어 한다
아시겠는가. 곧 우리도 늙으리라. 그래 우리는
오늘을 내 마지막 날로 살아야 하리라
그러나 갑자기 길 없는 길이 나타나리라
어머니가 살아온 길 잊지 않는 자식이
좋은 자식이다
할머니의 주름진 손발을 잊지 않는 손자 손녀들이
좋은 손자 손녀들이다.

*이 글은 모 여행사를 통해 다낭을 같이 여행한 '유성' 김기섭 치과 원장의 가족을 스케치한 것이다.

안개가 가는 길이

안개가 가는 길이
그리움이 가는 길과 같아서
안개와 그리움 사이에
시詩 하나 짓는 소리 들린다.
우리가 별들이 나누는 이야기를
짓다 보면
어렵고 힘들어도
결국 별에서 만날 것인데
안개가 별을 가릴 수 있겠는가?
우리가 스스로 별이 되는
시詩를 짓다 보면
결국 우리도 별 같을 텐데
안개가 별을 가릴 수 있겠는가?
안개가 가는 길이
그리움이 가는 길과 같아서
시詩 하나 짓는 소리 들린다.

채석강

채석강에는 혼자 오지 말라

거센, 거센 파도 위에서 춤추는 숭어
장단을 맞추어 주는 부초를 보면
그리운 사람 더욱더 그리우니

채석강에는 혼자 오지 말라

훨훨, 훨훨 바다로 날아가는 갈매기
장단 맞추다가 가랑이 찢어지는 게를 보면
갈매기 깃털에 끼어서라도
그리운 임에게 가고 싶으니

만날 받듦은 받았지만
한 번도 받들어 주지 않은 후회가
거대한 강을 거꾸로 흐르게 하는 듯해서
그리운 사람 더욱 그리우니.

임실 치즈마을

임실 치즈마을의 소똥 냄새
체험객의 열정에 묻힌 채
풀은 흙과 살고 나무는 바람과 살아도
꽃의 열매는 멀다
사랑! 그것 또한 우유가 치즈가 되기까지의
몫으로 남겨둔 채
치즈돈가스에서 그리운 사람의 냄새가 난다
오늘은 장맛비 때문에 오래 번진다
돈가스를 누가 먼저랄 것도 없이
칼로 쓱쓱 썰어 야금야금 먹을 때
까치 우는 소리가 들렸다
장미꽃 한 아름 안고 가는 소리도 들려왔다
그렇게 찰지고 고소한 한가운데 서서
나는 언제까지 애창곡만 불러야 한다는 말인가?
아아, 너무 오래 부른 노래여!
외등이 꺼져도 주점酒店에서는 술을 판다

산이 구름에 달처럼 간다
나는 산 중턱에 차를 댔다
고향의 푸근한 얼굴로 손을 흔들고 있는
어린나무 하나 보인다
가슴에 머문 그리운 사람에게 갈 때는
내가 더 찰져야 한다는 듯이
내가 더 고소해야 한다는 듯이.

전주 한옥마을

그 마을의 골목은
옛날 어릴 적, 땅따먹기, 자치기, 줄넘기, 제기차기, 연날리기
그 마을의 사랑채는 할머니와 할아버지의 훈화
보릿고개 이후 5·16 군사 쿠데타, 새마을 운동, 유신 독재
전두환 시절엔 아예 말문을 닫았다
제 친구가 저를 밀고할까 봐서

그런데 2020년이 되었어도
최순실과 이명박은 아직도 감옥에서
공짜로 밥을 먹고 있고,
그런데 이 마을에 가면 공짜로 밥은 안 주어도
할아버지 할머니와 이웃 어른들의 효가 걸어 다니어
밥 안 먹어도 배부르고,
지조 높은 선비들의 지조와 예禮를 만날 수 있으니
이 시대가 높아도 그 정신이 더 높으니

이곳엔 바닥이 없다
이곳엔 밤을 새워 속삭여도
끝나지 않는 선비의 정신인데
어느 것 하나 그냥 지나칠 수 있겠느냐
우리가 자본가의 착취 노예로 살아온
70년대 80년대를 거쳐와서
착하게 살라는 말씀 선연한 이곳에서
다시 그리운 그대 이름을 목 터지라 부른다.

내소사

- 복수초

게으른 건 영 질색이라고
2월 모진 한파 제치고 나온
울 애인 같은 그 꽃,
사람들의 불공을 닮았다고
내소사 스님들이 〈마이크로 외치는〉 독경 소리
끊이지 않는 그 자리에 와서
해마다 피는 그 꽃,
반갑다 앳된 꽃망울 울 애인
그럭저럭 들은 독경을
꽃으로 피우면서.

고맙습니다

고맙습니다
꽃밭에 지렁이가 꽃 밑에서 꽃의 가려운 데를
살살 긁어주고 있습니다
뽑아도 뽑아도 다시 올라오는 잡초들 사이에서
꽃 밑 꽉 막힌 물줄기까지 뚫어주고 있습니다
아, 나도 그대의 꽃밭에 지렁이고 싶습니다
이 세상 모두가 꽃이 되고 싶어 안달하는데
나는 저 땅속 어두컴컴한 데서 아무 말 없이
꽃의 가려운 데를 긁어주고 있는 지렁이처럼
나도 그대의 힘이 되는 사람이 되고 싶습니다
무슨 일을 만나도 힘내라고 나는 그대 편이라고
그대 이마에 땀 씻어 주는 사람이 되고 싶습니다
아아, 이런 기쁨을 준 그대가 참 고맙습니다
그대가 멀리 있어도 그대만 생각하면 힘이 나니
그대가 고맙습니다. 참 고맙습니다.

곰소항

여기 들어온 물고기들은 다 얼음을
뒤집어쓰고 어질어질 끌려갑니다
그 차갑고 비린내 진동하는 그 사이에서

"그 고기 참 좋네요" 하던
어느 사모님인지 시장 상인인지
하얀 소금 가게를 가리키며
하얀 소금꽃으로 스쳐 갑니다

철퍼덕, 어두운 상자에 넣어져
눈에도 입에도 코에도
소금 세례를 받는 물고기들 흠흠
날것을 삭히는 소금의 그 수고를 생각하며
아, 산다는 건 맛 내는 일이야

그렇게 외치다가

문득, 내게 그 소금을 가르쳐 준
그분의 애정과 속뜻을 내 삶에 새깁니다
소금처럼 살아야 합니다
비록 금방 녹아 없어질망정
젓갈에 소금으로 살아야 합니다
나는 나를 곰 삭혀야
더욱더 맛깔나고 더욱더 깊은 맛나니
잔말 말고 날 곰 삭혀야 합니다
그런 소리 진동하는 곰소항은
참 좋은 항구입니다.

선운사에서

선운사에서 비로소
동백꽃을 보고 나서야
내 가슴앓이가,
그대인 줄 알았다
선운사 동백꽃 보기 위해
새벽잠까지 설쳤다
복잡다단한 도시를 빠져나와
법당에 꿇어앉아 불경을 외우면서
죄를 씻는 무리
치성을 드리는 무리 벌써 만원이다
뜰에서는 동백꽃이 고개 살포시
들고 자꾸 두리번거린다.
누굴 찾는가? 혹시 나?
그대는 어찌하여 얼굴은 안 보여주고
동백꽃 속에서 향기만 풍기는가
꽃잎은 떨어지고 꿈은 발길에 남는다

바람에 휘날리는 꽃잎
더러는 상춘객과 함께 떠나고 있었다
한 때의 만남도 만남인데
그 인연의 끝은
선운사 종이 뗑뗑 울어도
부처님도 알려주지 않는다
벌써 저녁 예불 시간인가?
아, 동백꽃 같은 그대가
동백꽃처럼 어여쁜 그대가
동백꽃 속에서 선운사의
일몰을 맞고 있었다.

개나리꽃은 알고 있다

개나리꽃은 알고 있다
사랑하는 사람은 가슴이 뜨겁고
유난히 배려를 잘한다는 것을,
사랑하는 사람이 바다가 보고 싶은데
자기만 바다를 보러 간다면
제정신을 빼는 짓거리인 것을 알고 있다
사랑은 배려에서 자라며 지고지순에서 익는 것을 알고 있다
베트남에서 시집온 여자일지라도 가슴은 따뜻하고
한번 준 마음은 영원하다는 것을 알고 있다
형제자매들이 밥도 제대로 못 먹고 있는데
자기만 만날 치킨에 맥주를 먹는다면
부모님을 욕보인 짓거리인 것을 알고 있다
형제 우애가 어디서 자라며 피는 걸 알고 있다
개미들은 뭔가를 자꾸 나르지만
누구 하나 흉보지 않는다는 것을 알고 있다
늙은 개 한 마리가 그 사이에서 졸고 있다면

발의 힘을 빼는 짓거리인 것을 알고 있다
부모님이 언제 웃고 우는가를
개나리꽃은 알고 있다.

청령포

돌이킬 수도 없고 바로 세울 수도 없는
그리움 하나
나룻배에서 만났다

새 한 마리 거꾸로 나룻배 밑창에서
날갯짓하며
단종이 두고 온 가련한 왕비의
소식을 묻는다
그러나 청령포*는 아무 말이 없다
다만 단종이 절벽에 올라서서 늘
왕비가 사는 서북쪽을 바라보면서
막돌로 그리운 탑을 쌓았다는
탑만이 날 반긴다
-나도 그대가 사는 하늘을 향해 손을 흔들며
모든 외로움에서 벗어난다
그대 비록 멀리 있고 나 아직 어리지만

---

* 청령포: 단종이 유배된 곳

내 오늘을 더럽히지 않으면
곧 그대도 곱게 피울 수 있다면서
나는 모든 걱정에서 벗어난다

또 눈물이 난다.

한반도 지형

세상, 살수록 참으로 오묘하다
한때는 힘깨나 썼을 고목에
다시 돋아나는 이파리나 버섯이나
숲속에 다 기르는 주먹만 한 토끼가
현재엔 나보다 밝고 아름답다

세상, 살수록 참으로 조화롭다
내가 보기에는 산새가 우는 것은
어미 새를 보고 싶다고 운 것 같은데
그의 친구들이 우르르 몰려온 것 보면
사람들의 주장은 가끔
순서가 서로 엇갈린다

그렇다고 내가 좌절하는가 하면
천만에 나는 이미
뱀이나 멧돼지들이 민가에 내려오는 것은

나 때문이라고 것을
그들의 먹이까지 다 독식한
나 때문이라고 것을
깨우치고 산다.

선돌*

나는 아직도 비탈 산, 거친 계곡에서
모진 비바람과 찬 이슬로 배를 채우며
오롯이 기도하는 바위다.

그러니 너희는 날 보러오는 관광객이
하루에도 몇백 명이 몰려온다고
투정하지도 말고 자랑하지 말라
오직 나는 용감무쌍한 내 모습에 비친
너희의 빈약한 의지를 깨우며
더욱더 힘내라고 기도하는 바위니

저 먹구름을 미는 바람에 앉아서
너희의 팍팍한 세상살이를 굽어보며
저 꽁꽁 언 영월 강변을 녹이는
봄 햇살로 기도하는 바위니
이 바위를 넘어도 계속 바위가 나타나도

---

* 선돌: 단종이 영월 청령포로 유배 가는 길에서 잠시 쉴 때 마치 신선처럼 보였다는 바위다.

절대로 실망하지 말라
지금 나의 고난이 당장 어쩔 수 없는
내 부끄러운 모습이라면
저 절벽과 바위도 내 꿈의 한 조각이며
내 남루한 사랑의 의지이니
나의 꿈은 항상 진실하게 설계해야 하며
거둬들임에도 부정이 없어야 한다.

장릉*

꿈은 산 같아야 하고
사는 건 물 같아야 한다는
영월 단종 대왕의 릉에서
조카 왕위를 찬탈한 숙부 세조를 돌아보니
권력도 그 부富도 냇물인데
지조와 충절 많은 바위로구나

세상이 어지러울 때마다
종을 울렸던 영월의 그 정신은
아직도 잠 못 들어 뒤척이는데

그 아스라한 그리움마다
보름달 빛 같은 젊음과 명예들이
그 기득권과 패권주의에 맞서 싸우면서
아닌 것 절대로 아닌 것이라고 해도
자꾸 자라는 욕심을 막지 못하고 있다

---

* 장릉: 단종의 릉

하지만 세조야 나는
네 능숙한 교태를 믿지 않겠다
이제 네 얄팍한 꼬임에 빠지지 않을 것이다
저 냇물은 끝이 아니라 시작인 것을 아는 이상
나는 어려움이 닥쳐올 때마다
차이콥스키 교향곡 제6번 비창을 넘어
기어이 돌아올 것이고
또한 그렇게 일어날 것이다.

산소에서

어머니 산소에 벌초할 때 형제들이 흘린
땀방울에서 문득 서로 맘 상하지 않게
내가 먼저 양보하면서 오순도순 잘 살라고 하신
어머니 말씀이 새록새록 들립니다

열여덟 살 그 철모르던 그 시절에 헤어진 어머니
그 모습 그 말씀이 아직도 귓전에 생생하니

그 부탁이 이 산에만 있겠습니까
말없이 우는 이 눈물에만 있겠습니까
헤어진 뒤의 우리 일상에만 있겠습니까

어머니 살아생전에 잘 모시지 못한 걸 생각하니
형님과 동생들의 동안 서운했던 것이 다 용서됩니다

오랜만에 한자리에 모인 우리 형제들도 늙어가고

올봄도 그렇고 그렇게 자꾸 늙어가겠지만
어머니 그 사랑과 그 부탁은 아직도 생생하니

어머니의 사랑과 그 부탁만큼은
나이를 거꾸로 먹는가 봅니다.

친구들
-어린 시절

친구들 언제나 약삭빠른 참새들이다

함박눈이 펑펑 내리는 날 외양간으로 가 쇠죽에 섞어 끓일 왕겨 한 바가지를 쏟은 다음 삼태기에 돌을 달고 새끼 줄을 매단 뒤 작대기로 받친 그 새끼 줄을 가지고 안방 문 창호지에 침을 발라 손가락으로 뚫고 참새 오기를 장에 가신 울 어머니 만치나 그 덫을 쳐다보고 쳐다봐 도요잉, 거 뭐냐, 거 처녀 갑사 댕기보고요잉 뒤따라가다가 그 아부지 만난 머슴애처럼 허탕 치기가 일쑤다.

약삭빠른 참새들은 땅따먹기 구슬치기 절반은 꼭, 강에서 입으로 낚시하는 것 같이 하는데요잉, 여자 친구들 고무줄 놀이 고무줄 끊은걸 하도나 꼬수워 하하하 낄낄낄 어쩔 줄을 모르는데요잉, 아까 내 옆에 뽀짝 다가와서 짹 짹짹 조잘거리다가 나도 모르게 떠나 버린 참새와 유난히 사랑스러워 있는 정성 없는 정성 다 들인 참새는 다시 올랑가 말랑가

으짤랑가 아직 감감한데요잉, 진득한 참새는 아따 냅도불소 하는 것 만치로 그 하하하 낄낄낄을 마구 뒤진다. 횡재 만난 것처럼 양껏 먹으면서 허기진 배를 채우는 것이다.

언젠가는 쬐금 서운타고 김중배의 다이아몬드를 덜컥 받고 떠났어도 한 번쯤은 나타날 것이다. 걸쩍지근한 모습에 구린 냄새를 풍기며 소꿉장난하던 시절로 옛날 천진난만한 개구쟁이들처럼 나타날 것이다.

시골 기행

홀로 걸으니 어느새
고요가 슬며시 뒤따르고
들꽃은 온갖 향긋한 냄새를
온천지에 풀풀 풍기는데
냇물 밑은 어둡다
그래도 냇물은 흐른다
한가롭게 술래잡기하던 벌 나비들이
갑자기 무작정 예쁜 찔레꽃에
훨훨 날아가는 참새들을 보고
야야 빨리 가면 발명 난다며
쓸쓸히 병목 구간을 지날 때
음습한 곳을 환히 밝히는 초롱꽃을 보니
아이고야, 그 정성과 그 겸손이
코 찡하고 갸륵하기까지 해서
무심코 서쪽 하늘에 물든 놀을 쳐다보니
깔따구들이 자리다툼에 여념 없는데

구름에 달이 쑥 나오더라
그러자 연이어 내 눈꺼풀을 젖히고
보석처럼 영롱하게 빛나는 별 하나가
천경자의 미인도 그림에서처럼
내 눈 안으로 선뜻 들어오더라
그 뒤로는 별은 온데간데없고
사립문 사이로 어머니 얼굴만 총총 빛나
가슴에 묻었던 동안의 불효가
눈물 타고 귀뚜라미에 젖어 들어
이따금 귀뜰 귀뜰 우는 소리로
어머니의 얼굴을 그렸다
아늑하고 따뜻하게.

3부

인연

수련에게

섬이 코앞인데
수 없이 밀려오는 저 파도들은
나의 의지를 시험하는 파문이니
의리도 없고 줏대도 없는 자들에게는
함부로 다리를 보여주지 마라!
어렵고 힘든 문제도 침잠沈潛해 보면
결국 다 미래의 꽃다발이니
갈대 같은 자들은 갈대들과 놀라고 하고,
바다의 쓰레기들을 치우고 싶어
가끔 다가오는 태풍에 그들 맡겨놓고,
미련 없이 섬으로 가라
파도에도 굴하지 않는 부초로 가라
갈매기 눈물 한 방울로 가라

외롭고 힘들 때 외면하는 자들에게는
다시는 가슴을 내어주지 마라!

부재와 유기遺棄도 침잠해 보면
결국 내가 성장할 기회고
또 성공할 수 있는 발판이니
금수禽獸 같은 자들은 금수와 놀라 하고,
아니 바다가 썩어가는 퇴적물을 한번 뒤집고 싶어
기다리는 태풍에 그들 맡겨놓고,
미련 없이 섬으로 가라
왕이 부른 신하로 가라
어머니가 부르는 아들로 가라.

가을

스르륵, 단풍나무에서 뚝 떨어진 붉은 이파리 하나가
딱 한 번 보고 단번에 사랑해 버린, 그대같이 보이는 가을
이다

스르륵, 그 붉은 이파리가 계곡물에 떨어지자, 가을이 오
기도 전에
아무 말 없이 밤에 조용히 떠난 사람이 붉은치마 끄는 소
리에
누구 하나 잠 못 이루고 있는 가을이다

산 밑을 등산하는 사람들은 오다가다 머루나 달래를 만나
따먹겠다고
청설모나 산새들은 거들떠보지도 않고 지나치는 산비탈
가을이다

그래, 나는, 해만 바라보는 해바라기꽃 곁에 또 다른 해바

라기꽃으로

서서 바람을 껴안고 그대를 기다리고 싶다고 하였다. 그

리고 올가을이

다 지나가기 전에 내게 오시면 된다고 빙그레 웃었다

해바라기꽃이 피는 가을엔 해바라기꽃에 그리운 얼굴이

짙어지고

해바라기꽃에서 그대를 기다리는 것을 해바라기에 들켜

해바라기만 한 가슴이 두근거리는 가을이다.

해바라기 편지

오랫동안 당신만 바라보다가 오늘은 없는 용기 있는 용기 다 내어 몇 자 적습니다. 당신만 늘 쳐다보아 내 눈이 붉게 충혈된 것은 그만큼 당신이 고상하고 아름답다는 내 믿음일 것입니다.

눈이 당신만 늘 쳐다보니 고개도 덩달아 푹 숙이며 당신께 가려면 좀 더 겸손하지 않으면 안 된다고 야단입니다. 그래 당신이 구름에 숨으면 숨바꼭질하는 재미로 살다가 밤이 되면 부엉이가 부엉부엉 우는 소리에 홀로 듭니다.

하지만 숨고 나타남은 다 제 욕심에서 생긴 것, 그런데도 내가 늘 당신을 바라보며 늘 다가가는 것은 내 첫 마음을 지키는 것이 더 크고 중요하기 때문입니다. 나는 당신을 바라보는 것이 제일 기쁘고 행복하니 내 애창곡에 내 부족함을 털어내고, 어떠한 일을 만나도 변하지 않는 뼛속으로 다시 천천히 걸어서 부끄러움 없이 그렇게 당신에게 가렵니다.

강

꽃 하나 보일 낙 말락 하는데
구름마저 그 꽃을 가릴 때도
바람은 누가 부르는 것처럼 간다
황홀하게 차려입은 그 꽃 저 멀리
새 한 마리가 날아간다
강이 나루에 앉아 새에게 외친다

“여보게 나는…
혼자야, 또 해가 지네…“

하지만 아직 새가 보이고
바람은 끊임없이 내게 온다
먼지들이 날아간다. 바람을 타고
바람에 먼지라도 되어 그대에게 날아
가고 싶은 먼지들이 날아간다
떼를 지어 무더기로 날아간다
바람을 타고.

우마차

학교 가는 길에 우마차는 학교 종이 땡땡이다
시골 어릴 적 초등학교 등굣길을 주름잡는
우마차 짐 틈을 노리는 아이들은
학교 종이 땡땡이다

우마차 아저씨는 하도 인심이 좋아서
짐 실으러 갈 때는 아이들 차지고
짐들은 아저씨 못다 부른 노래를 따라
손자 손녀들의 얼굴로 돌아온다

어린 동생과 함께 탄 아이가 인사를 한다
고맙습니다 참으로 고맙습니다
다른 아이들은 학교 종이 땡땡이 노래를 부른데
고맙습니다 참으로 고맙습니다
아저씨 그 인사 받다
소 줄을 놓쳐도 소는 학교로 간다

학교 종이 땡땡이 학교로 간다

요즘 사람들은 내가 어려우면
때로 날 짐짝 취급해도
그 옛날 시골 그 아저씨는 인심이 후하고
어린아이일지라도 고마운 건 고마워할 줄 알아서

학교 종이 땡땡이 마친 아이도
그 어린아이 소매 끝에 묻어 있는 콧물도
그 추억 앙큼하게 더듬어보던 나도
그리운 동창생 녀석들의 얼굴도
학교 종이 땡땡이다.

제비꽃 우체국

나는 봄이 되어야 문을 여는 우체국,
봄빛이 우체부가 되고
온 들녘에 깔아놓은 연둣빛이 편지가 되는 우체국,
그 우체국은 하도 겸손하고 아주 착해서
바람도 춤추는 소리… 봄비가 달려오는 소리…
그 소리 봉투 속에서 콩닥콩닥 뛴다
산 넘고 물 건너기가 아직 남아 있다는 듯
도저히 잊히지 않는 주소 관통하는 에오스* 같다
그래, 선뜩 달려갈 수 없는 길을 사람들은
구름 속이라고 쉽게 이름 붙이는 모양이구나.
노란 입술을 쭉 쭉 내밀며 거침없이
높은 산도 훌쩍 넘고 있는 저 봄 편지
그러니 봄에는 난 제비꽃 우체국에 있을 거다
그대가 너무 보고 싶어서 가끔 눈물을 쓱
남몰래 훔치면서.

---

* 에오스: 새벽의 여신

나우시카아 공주*

-공

나는 어디론가 가고 싶은데 멈춰 있고 공중에 오르고 싶은데 오르지 못하고 있다. 그대 향한 내 사랑이 부족하다는 걸까? 아 한 번 더 힘을 내 보라는 듯 구르고 있다. 사랑은 마라톤이라는 말일까? 까닥 잘못하면 버림을 받을 수도 있으니 그대를 띄워주면서 매 순간 최선을 다하라는 걸까? 그렇다면 포세이돈이 일으킨 파도를 보고 손뼉 치는 사람들을 나는 용납할 수 있을까? 그리고 요정 로이코테아와의 어쩌고저쩌고하는 그런 썸싱도 나는 용납할 수 있을까? 아무 대답이 없는 걸 보면 질투는 사랑의 촉진제란 말일까?

그러니 그대와 나 사이는 한마디로 공이다 그 공 끝에는 바다가 있고, 그 바다에는 쪽배가 있다. 아시겠는가? 그 공은 쪽배의 노다. 사랑의 내부는 파도다

갈매기가 날아가는 걸 보고 파도가 앗, 강 스파이커를 한다. 내가 그걸 받는다면 공에서 꽃이 필 것이다. 공과 공 사이에 우리의 튼튼한 미래가 있다. 그 안에 튼튼한 사랑이 있다.

---

* 나우시카아 공주 : 그는 이 세상 처음으로 고달프고 울적할 때마다 공놀이 했다고 한다.

향기

남은 향기들이 고아 같다

커피에 그리운 얼굴 하나 그려놓고

어느 나라로 흩어졌단 말인가?

가을밤

보름달 구름에서 나오는 소리.

우리 시장

외롭고 쓸쓸할 때 우리 시장에 가면 보여요, 보여요, 사과에 배에 포도에 단감에 어머니 베적삼이 보여요 아버지 흠뻑 젖은 베적삼이 보여요 제 코 흘리던 어릴 적이 보여요 어머니 정제에서 고등어 굽는 냄새가 나요 아버지 반주 삼아 부르시던 한 많은 대동강이 들려요 노점에서 물건 살 때는 절대로 깎지 말아라! 콩나물 살 때는 절대로 덤 달라지 말아라! 로 계세요 실은 애당초부터 그런 마음이셨겠지요 지금 시장 안 은행은 내가 자란 마을 어귀, 잎 진 느티나무 위, 까지 한 마리의 눈으로 저물어 가는 시장을 바라보고 있어요 정은 정 따라 오는 발걸음, 아 인심을 얻을 줄 아는 지혜, 무한 신용과 신뢰 가게가 거기 있네요 그리고 고향에 계신 부모님의 마음 같은 가게가 거기 있네요.

인간사人間事에서

상대를 만만하게 보는 일은
장차 내가 만만하게 당할 그림자다

그를 함부로 대하는 일도
장차 내가 함부로 당할 그림자다

하지만 상대를 존중하고 배려하다가
상처입어 눈물을 많이 흘렸던
당신의 아픔은 자랑이 될 수 있고
칭찬받을 만하다

거짓과 편법이 난무하는 세상에서
너와 나의 관계에서 내가 좀 손해 보는 사람이
나는 좋다
슬픈 날은
내 눈에서 물이 낫다

그도 물이 낫다

구름도 그날은

그날따라 아름다워 보였다.

우르비노의 비너스

아, 그대는 뮤즈인가?
거짓을 내려다보고 비웃으며
모든 욕심까지 확 벗어던져 버린
그대는 금은보다 빛나고
하늘에 별보다 더 빛나기만 하여라

아, 그러나
세상에서 믿을 수 없는 건 여자의 마음,
무엇하나 감추지 않는
그대의 모습은 황홀하지만
여자의 마음이란 연기 같은 것

오, 진실해라, 언제까지나
따뜻한 그대 가슴에 나를 포개고
행복하다고 외치겠노라
영원히, 아니 이 목숨 다하는 그날까지

우린 변치 않고 사랑하리라고
그렇게 믿어 보겠노라.

철새

풍요로운 전원을 거니는 나를 본
먼 친구들이
가진 아양을 떨면서 찾아와서
내 곁에 살림을 차리더니

어느 날 갑자기 쓸개 빠진 노루처럼
나도 모르게 떠났다

믿음에 금 간
우정이여! 사랑이여!

먹이만 쫓는 그를 원망하지 마라!
진실한 자여!
덕분에 그대도
이제는 어엿한 믿을 만한 사람이 된 게 아닌가?

난 그저 제자리를 지켰을 뿐인데
이제는 가까운 친구로서의 지켜야 할
도리를 알게 된 게 아닌가?

그가 내가 어려울 때 그냥 모른 척하고 돌아
간 뒤에.

애愛

시든 꽃잎 위에 내리는
봄비가 되고 싶어서

소리 없이 눈물 흘리며
밤을 지새울 때

고적한 밤 헹구는
새
벽
녘
닭
한
마
리

자각自覺

어제는 화왕산엘 갔다 정상으로 올라가는 길목마다 소나무들이 삼삼오오 어깨동무하고 있었다 비탈과 바위 위에 뻗은 가지들이 정상을 낮게 높게 가리고 있어 정상이 더욱더 보고 싶었다. 그런데 웬걸 그렇게 고생 고생해 정상에 올라왔는데 보이는 건 갈대뿐이다 화왕산 갈대가 유명하고 많다는 얘기는 많이 들은 터라 그리 놀랍지는 않았지만, 그가 모두 채우지는 않고 비어 있는 자리를 사람들이 채우고 있었지만, 사람들 갈대 속에 있다고 갈대가 되지는 않고 갈대 속으로 사라지지도 않고 갈대와 사진만 찰칵 찍고 룰루랄라 내려가고 있었다 그래서 느낌 속엔 항시 자각自覺이 있다 생각하며 살자.

어무이

어무이 숨결이 아직도 바다에서 들리네요 아무리 더럽고 추해도 금방 들어와 깨끗이 씻어 주었던 밀물이, 소라의 귀에 대고 어무이 사랑은 태풍이 몰려와도 바위에 찰싹 달라붙은 굴이었다고 하네요

어무이는 그렇게 날 키워주셨는데 아아, 이 자식 너무 무심했지요? 늘 주셨지만, 더 못 주어 안타까워하셨던 어무이 주름진 이마와 흰 머리를 생각하니 돛배처럼 에이네요 사랑도 정도 로스탤지어 바닥을 거슬러 올라가는 거라 그럴까요?

오늘도 파도는 높아요 하지만 문제없어요 어무이가 날지켜보고 계신다는 믿음 때문이죠 파도에 들어앉아 있는 어무이의 마음 그 참된 마음을 불혹을 넘어서야 깨달은 거죠 수평선에서 고요히 떠오르는 저 해는 언제 출발했을까요? 찬란하고 산뜻한 아침 해를 젖은 눈망울로 고이 안아요

아침 해의 찬란함도 위태위태해요 수평선에서 산의 계곡을 넘다 난 상처 때문일까요? 어서 돛배라도 띄우고 마중가야겠어요 늘 자식 걱정뿐이셨던 어무이 마음 조곤조곤 읽

어야겠어요 찬란하게 떠오르는 해에 어무이 얼굴이 보이니까요 어머니 그 사랑 내 가슴에 해처럼 빛나니까요.

파도편지

섬이여!
그대와 친한 바람이 바다를 주름잡고 있어도
그대 모습은 여전히 온통 장밋빛입니다.
오늘따라 하늘에 수를 놓던 갈매기들이
수평선까지 날아가고 있습니다.
앗, 급류를 만난 돛배가 기우뚱합니다.

거친 급류에서는
느긋한 것들이 조급한 것들을 거느립니다.
여울목을 만나도 걱정 없는 것은
진실뿐입니다.
갈매기 우는 소리가 다정한 시간은
부초를 본 다음입니다.

흔적 없이 사라지는 거품에서는
객기들이 신중한 것을 거느립니다.

사랑은 사랑이 존재하는 그 순간에만 사랑입니다.
사랑은 비애 속에서 비애로부터 성장합니다.
내가 그대를 그리워하고 사랑하는 것은
다 그대 덕택입니다.

제약산*

돌멩이들 틈에 들꽃 한들 보이지만
개울 건너면 바위고 바위 건너뛰면 비탈이라
갈대들이 곳곳에 주저앉아 있다

아까부터 내 곁에 산새 몇 마리 지저귀고 있었는데
아까부터 따라오던 안개를 헤치는 사이
정상을 턱 밑에 두고
눈 깜박할 사이 사라졌다

아무리 제약이 많아도 오를 사람은 다 오른다
이 산은 미처 못다 부른 노래 같은 산이라
그리움이 恨이 된 사람이 즐겨 찾는 산이니
갈대 같은 사람은 이 산에 오지 마라
깔딱 고개를 지키는 소나무들이 갈대를 보고
지조도 없고 기품도 없는 자들이 제약산을 봐라 냐고
제약산 정상이 그리 싶겠냐고 구시렁구시렁

---

* 제약산: 경남 밀양에 있는 산이다

구시렁거리고 있으니
-그렇다, 누구든지 정상에 오르려면 기어코
내 허물을 넘어야 한다.

오리정에서

고향 남원 부모님 산소에 성묘하고 난 후
들린 오리정에서 보았다
그 오리정을 세운 안균섭* 씨의 그 정성이
소나무와 이름 모를 들꽃들과 두런거리며
풀벌레들과 함께 춘향이의 버선발처럼 살고 있었다
그분은 오래전에 작고하셨지만
아직도 오리정에 바람이 불면…
그분이 그토록 염원했던 지조와 예禮와 형제 우애가
그분의 정성에 살을 섞는다
그 모습 그 소리 종달새도 들었다는 듯이
내 머리 위에서 지지배배 노래 부르는데
우린 언제나 사는 게 바쁘다는 핑계를 언제나 접고
날로 빛을 잃고 궁핍해 가는 지조와
예禮와 형제 우애를 다질 수 있을까?

---

* 안균섭 : 자유당 말기 국회의원, 안균섭 씨가 춘향이가 이몽룡을 버선발로 배웅했던 자리에… 그 애틋한 사랑을 널리 전하고 싶어 전북 남원시 춘향로 824에 정자를 세웠다.

이제 오리정에 남아 있는 그분의 정성이
나의 정성이 되고
나의 미래가 되고 말았다
나는 머리를 숙였다.

별들은 알고 있다

별들은 알고 있다 사랑하는 사람은 가슴이 뜨겁고 유난히 배려를 잘한다는 것을, 사랑은 종이배처럼 그냥 물살에 맡기면 된다는 것을, 그 항해가 겁이 나 멈춘다는 것을 저 정신을 빼는 짓거리인 것을 별들은 알고 있다

- 별별 인생人生

별들은 알고 있다 고슴도치일지라도 제 자식은 끔찍이 사랑하고 한번 준 마음은 영원하다는 것을, 형제자매들이 밥도 못 먹고 있는데 자기만 통닭에 맥주를 마신다면 부모님을 욕보인 짓거리인 것을 별들은 알고 있다

- 별별 노래

별들은 알고 있다 개미들은 뭔가를 자꾸 나르지만, 누구 하나 흉보지 않는다는 것을, 늙은 개 한 마리가 그 사이에서

졸고 있다면 그건 내 발의 힘을 빼는 짓거리인 것을 별들은
알고 있다 내가 언제 나답고 언제 아닌가를

- 아아, 별이여, 그대여
말뿐인 노래여.

어부

고기는 잘 안 보이는데 자식들의 얼굴이 자꾸 어른거리면 어부는 문득 고적하다.

그런 날은 참으로 힘이 난다. 꽃에 꿀벌처럼 말이다. 매섭게 몰아치는 파도를 타는 것처럼 인생의 어떤 날은 힘이 나는 것이다.

섬을 코앞에 둔 부초처럼, 섬을 코앞에 둔 갈매기처럼, 섬을 코앞에 둔 난파선처럼 힘이 나는 것이다

고래가 날 거들떠보지도 않으니 멸치도 날 힐끔힐끔 쳐다보다가 확 빠져나간다.

그런 인생의 어떤 날 어부들은 날 기다리는 식구들이 어떤 존재인지를 알게 된다. 자식들의 앞날이 달린 고기잡이 말이다. 인생의 어떤 날은 파도를 타더라도 좋아, 힘이 나는 것이다.

빗물

간혹, 비 올 때는
막힌 것들이 뚫린 것들을 거느린다

빗물은 벽을 전혀 생각하지 않았고
웅덩이는 갇히면 썩는다는 것을 말한 적이 없다

시궁창은 쥐구멍에 대해 전혀 말한 적이 없었고
하수구는 쥐구멍에도 볕 든다는 것을 알고 있었다

하수구는 빗물을 전혀 고마워한 적이 없었고
빗물은 시궁창에서도 연꽃을 키운다

알겠지, 빗물에 바다가 산다.
(그대에게 가는 나도 산다)

칡즙

어느 날 미장원에 머리하러 간 아내가
원장의 지인이 시골에서 가져온 진짜배기
칡즙이라고 하도 자랑해서
사 왔다며 걸쭉하고 진한 칡즙을
한 잔 가득 따라주었다
그게 몸에 좋다는 이야기는 많이 들은 터라
한잔 쭉 마시니
시골 어릴 적이 파도처럼 출렁이고
이름마저 가물가물한 얼굴들이
입안에서 쌉싸름하게 피는구나
그 시절 나무하러 갔던 어른들이 막 캐온
칡을 조금 얻어 조곤조곤 씹을 때는
도시 애들이 즐겨 먹는
풍선껌과 알사탕과 초콜릿 하나도 부럽지 않았다
그런데 오늘 마신 그 칡즙에서
쌉싸름한 어머니의 노래가 들리다가

가마솥 위로 솟는 김과 연기처럼
부엌 안을 빙글빙글 맴돌다가 쓸쓸히 흩어진다
나의 불효를 마구 흔드는 칡즙,
나도 모르게 잊힌 어린 시절이
다시 제자리로 돌아와서 인사하는 것만 같다
칡이 저를 부수고 짓이겨 저를 짜내듯이
습관적으로 피와 땀을 내게 내주었던 어머니,
칡즙 속에 보름달처럼 잠긴 어머니,
그 헌신적인 사랑이 울컥 솟아오르는
칡즙을 보면 어머니 주름진
이마와 손발이 생각난다.

복숭아

그대가 화장을 고치는 날은
나의 가슴이
가녀린 이슬처럼 설레었다

그대가 외출하려는 듯이
연지 곤지 찍고 있는데
안개가 그대를 가린 날은
산이 가지 끝에 울고 있었다

구름은 졸고 있어도
풀밭엔 풀벌레들이 짝 찾기
에 골몰하고 있었다

바람이 세게 부는 날은
그대의 들큼한 냄새가 코를 찔러서
그대가 사는 곳을 쳐다보다가

그대가 사는 곳을 쳐다보다가

또 하루가 저물었다.

다리

두려워 말아라

걷다 보면 언젠가는
못다 한 말에 꽃망울이 맺히며
애창곡에 꽃이 피리라

집착하지 말라

벌은 날마다 꽃을 찾아오지만
꽃은 벌 속에 있지 않고
비바람 들판 위에 별처럼 핀다

철조망은 밀어내라
눈물로 밀어내라
이 눈물 지나면 구름에 든 태양이
손을 흔들며 오리니

우리들 아직 절망과 작별할
날이 있느니라.

산사山寺에서

산행山行의 선물, 풍경 소리에서
어머니 목소리가 은은하게 들린다
점점 사라지고 있다

멋들어진 시詩 하나 짓기 위해
조용한 산사로 조용히 접어드는 길,
아까부터 날 따라온 시원한 바람들,
땀으로 흥건한 내 등과 얼굴을 지나
하늘로 사라질 때
뎅그렁뎅그렁 뎅그렁 우는 풍경 소리에서
어머니의 말씀이 들린다
착하게 살아야 한다
열심히 살아야 한다

아, 캄캄한 내 시상詩想을 파고드는 저 소리
내 아득한 요람 속을 파고드는 저 소리

그 소리 속에서 어머니를 가만히 부르니
어둠 속에서 헤매던 내 시어들이
내 어린 시절 모정母情 속으로
뎅그렁뎅그렁 뎅그렁 파고든다
어머니는 시詩의 중심이라는 듯이
내재율이란 듯이.

돛단배

나는 모진 풍파 저기
저 섬에 가고 싶어
앞만 보고 달리는 파도를 타지요
기다리는 서풍이 감감할 때는
거품을 먹고 자라는
파도 속 부초에서 마침내
갈매기 날갯짓을 가슴에 품지요
섬을 코앞에 둔 안개 속에서
더러는 태풍의 분노 속에서
슬퍼하거나 낙심하지 않은 몸짓,
갈매기는 아침햇살같이
그리움 하나로 갑니다
어두워도 멈출 수 없는 날갯짓은
눈물입니다
사랑은 끝없는 발돋움인 거죠
어떤 비바람에도 굴하지 않는

갈매기 날갯짓에 기대면
그대에게 무사히 닿을 자리
하나가 보였습니다.

진달래꽃

봄바람에 화들짝 깨어 허공에다가 붉은 입술을 쭉 내민다 그냥 무작정 허공에 입술을 쭉쭉 내민다 봄바람이 봄비하고 합동으로 그 입술을 깔아뭉개도 마구 그 붉은 입술을 공중에 내밀고 있다 저 여린 입술 어디쯤 아득한 그리움 하나가 숨어 있는지 밤낮으로 외로워 홀로 흘린 제 붉은 눈물까지 유혹의 무기로 삼는다

겨우내 홀로 삭히던 그리움이 터졌으니 절벽인들 두려우랴 붉은 눈물을 온 산에 흘리며 춤을 추니 하늘의 구름마저 꽃구름이다 너와 내가 정 그리우면 먼 거리인들 어찌 막으리오 맨 날 그리워하며 시詩만 짓는 것보다 한번 만나보는 것이 제일 좋으리라!

주산지*의 왕버들나무

늘 먹고 놀기만 하는 것 같으나
밥값은 하는 나무, 고마움을 표현할 줄 아는
사람 같은 이 나무가 나는 좋다
그는 아침마다 호수가 차려준 안개 상을 먹은 후
붕어와 피라미들도 밥 잘 먹으라고 그늘이 되어 주기도 하고
그들이 뿅 뛰쳐나왔다가 자맥질할 때 조심하라고
이파리를 떨어뜨리기도 한다
갈채는 그 나무를 찾아온 새에서 흘러나왔다
그 모습을 망원렌즈로 찍기 바쁜 사진작가들이
어제 왔던 새가 오늘 또다시 찾아왔다고
이렇게 기특한 건 꼭 찍어야 한다고
연신 샤터를 누른다
아무도 돌보지 않아도 밥값은 하는 나무,
사람의 정과 사랑이 가득한 그 나무가 그날은
그날따라 더욱더 아름다워 보였다.

* 주산지 : 경북 청송에 있으며 조선 숙종 때 인공으로 만든 호수다.

안락의자

퇴근길 버스 정거장 앞
가구점 안락의자에는 마라톤 하던
토끼 같은 사람이 보이고
거북이 같은 사람도 보인다
가끔 같잖은 녀석이 찾아와서
털썩 주저앉아 주판알을 굴리다가
방귀만 뿡 뀌고 간다
한참 후 그대와 똑 닮은 사람이
앉아있기도 했다

그러나 지금 버스 정거장 앞에는
그리운 얼굴이 아른거리는 안락의자 앞에는
내가 기다리던 버스는 떠난 지 오래다
그러나 아직도 안락의자가 잊히지 않는 것은
내가 탈 버스를 놓친 까닭만은 결코 아니다
저 안락의자만큼 그대다운 것은 없기 때문이다

기억은 미안할수록 간절해진다
이제 그 안타까움이 남겨놓은 것들만이
내 숙제다
정거장 가구점 안락의자는 또 그 자리에서
오래 참으며 나를 지켜볼 것이다.

달의 위상에서

- 태양에게

알겠습니다. 이제는 알겠구먼요
나를 밝혀줄 이는 당신밖에 없음을
나의 눈과 손발을 이끌어 주실 분은
나의 마음과 영혼까지 이끌어 주실 분은
오직 당신뿐임을 알겠구먼요

내가 구름 속에서도 발길을 내밀면
내 발길에 와서 고와지는 태양
내가 캄캄한 밤에도 얼굴을 내밀면
내 얼굴에 와서 빛나는 태양
오오, 당신은 천 마디의 말보다
행동으로 보여주고 싶은 진선미眞善美,
혹은 영원히 변치 않는 다이아몬드,

알겠습니다. 이제는 알겠구먼요
당신만이 나의 빛이라는 것을

그래, 영원히 당신 곁에 있어야지
떠나면, 캄캄한 별이라는 것을
허무한 별이라는 것을
알겠구먼요.

외로운 날

외로운 날
바람이라도 부니 고맙다
외롭고 시詩도 잘 안 되는데
그대 생각만 해도 기쁘니, 고맙다
가슴 한쪽이 쓰리고 아파도
그대 생각나니 고맙다

외로운 날
비라도 내려 고맙다
쓸쓸하고 시詩도 잘 안 되는데
나무가 그대같이 보여 고맙다
바위가 그대같이 보여 고맙다

왔다 간 구름과 비 사이에
그대 얼굴이라도 보여 고맙다
바람이 세게 불고 비가 많이 오면

혹 그대가 올지 모르니
구름도 고맙고 비도 고맙다
되고 못 한 시詩에도 그대 얼굴 가득해
그대도 고맙고 시詩도 고맙고
외로움도 고맙다.

무지개

사랑하는 사람아
비가 나 하나 띄우기 위해서
바람이 해와 먹구름을 들쑤시듯이
비가 밑 빠진 길에서도 해를 바라고 쭉 가듯이
이 세상에는 독불장군은 하나도 없으니
서로 물어뜯지 말고 서로 다리가 되라
한번을 만나도 서로 상생하라

사랑하는 사람아
내가 뜬 것을 우연이나
행운을 몰고 온다고 오해하지 말라
오직 나는 영롱한 내 오색에 비친
너희의 요행이 빚어내는 허무를
미리 알리고 일깨워 줄 뿐이니

가는 길이 아무리 멀고 험해도 불평하거나

편법을 쓰지 말 것이요
그 꿈에 닿음에 있어도 서로 상생이 되어
야 한다.

아카시아 속 여자

아카시아 스타킹에 아카시아 구두다
수줍은 미소 하나로 이 골목을 주름잡는
그녀의 발걸음, 발걸음마다 모두
아카시아꽃에 아카시아꽃 향기다

그런데 그 여자는 왠지 그 여자는
마치 저 잊지 말라고 해놓고
아이고 전화 한 통 안 하더니만
오늘은 왠지 오늘은 왠지
이은미의 노래 아카시아 숨겨진 노래를 따라
아카시아 꽃그늘로 흘러들어온다

그 여자 정말로 하나도 안 보고 싶은데
그러나 그렇다고 해도
마치 내 향기 맡고 날 잊지 말라고
내 야윈 가슴을 마구 후비는

그 은은한 향기는 좋더라

참으로 좋더라.

다람쥐인간 마라톤

내 삶이 다람쥐 쳇바퀴 속이라고 해도
아까부터 내 절망과 결별했다면
고통은 아름답다

어제 눈여겨보았던 도토리를
오늘 한발 늦게 남에게 빼앗겼다고 주저앉으면
나의 미래가 암울하듯이
오늘이라도 도토리 한 톨 땅에 심지 않으면
나의 장래는 밝지 않다

내가 심은 도토리 한 톨 고요히
땅속에 묻혀 와신상담臥薪嘗膽하는
그 권토중래捲土重來가
다람쥐 쳇바퀴의 등을 타고 넘는다

무엇하나 한恨이 되어 염원으로 남은 길을

달리고 달려도 아직 다다르지 못한 길이라도
아까부터 내 절망과 결별했다면(가시밭길을 빠져나오면
거기, 평탄한 길이 보이듯이)
내 고통은 아름답다.

원두막

원두막엔 구멍이 많지
수박을 지키는 망루마다
철조망과 망보는 눈엔
구멍이 송송 뚫려 있지
구멍이 송송 뚫려 있지

그 구멍 속 수박만 보면
순이 푸르고 미끈한 궁뎅이 생각나지
늘 가리고 감추었지만
어찌나 실하고 풍만했던지
만지면 짜 악 벌어질 것 같아
스리슬쩍 쳐다만 봤지

그 궁뎅이 들치던 싱숭생숭한 바람은
아직도 철조망에 걸려 있는가
푸르고 미끈한 순이 궁뎅이는

올해도 어김없이 시장에 나와서
그 추억의 그 그리움 속을
원두막처럼 기어오르고 싶지
부잣집 셋째 아들로 다시 태어나서
순이하고 어쩌고저쩌고 놀다가
입맞춤하고 싶지!

산다는 것은

산다는 것은
내 앞의 구름을 헤치는 일이지
그래, 나는 세월을 꽃망울로 여기니,
지금은 오직 열매만 생각하는 때,
부족으로 칭얼대는 쓰라림을 허전함을
못 다 부른 애창곡으로 달래는 일이지
그래, 발길은 더뎌도 마음은 긍정적일 때!
거침없는 몰입은 피에로인가?
나는 이 세상에 하나밖에 없는 춤이 되어야
내 청춘이 꽃다발이 될 터이니
비틀거림도 피에로도 꽃 되게 하고
내 인생의 신 뿌리까지 꽃피우는 일이지
산다는 것은
결국, 내 욕심을 지우는 일이지
내 고향, 하늘나라 입성을 위해
자유를 지키는 양심을 허리에 띠고

별 하나 그대 하나 피우기 위해
허위와 가식을 버리는 일이지!

지천명

주름은 자꾸 늘어나는 흰머리가 무서운지
이마에 골을 파는 일이 부쩍 늘었다
그러나 그것을 아들딸 잘 낳아 잘 키웠다고
하늘이 내게 준 훈장이라고 생각할 때도 있으니
나는 지금 오뉴월 염전이다

큰아들은 취업 준비 중이고 작은아들은 군대 갔고
딸은 대학교 다니는… 그 자식들의 날 것 같은 인생…
소금에 절이고… 곰삭혀서… 명품 젓갈로…
만들기도 바쁜데
아무리 애를 써도 자꾸 늘어나는 주름과 흰머리 아래
부모님의 건강이 안 좋다는 소식까지 들리니
내 나이 어딘가에 젓갈 통이 파묻혀 있나 보다

내 때는 모든 가시를 다 포용하고 아우르는 때인가
문득 창밖에 한없이 발돋움하는 나팔꽃을 바라보니

식구들의 얼굴이 소금 창고에 오버 랩 된다
그리고 그 소금가마들이 식구들을 위해 조금만 더
염부鹽夫가 되어달라고 외치고 있었다
그게 내 나이 때라고 볼펜으로 쓸 때
소금꽃 한 송이 푸르게 핀다
아주 고맙게.

인연

우린 어느 장독 항아리 되어
때로 비워놓을 줄도 알고
또 기다릴 줄도 알아야 한다

참 고마운 만남이었구나
받기보다는 주기를 더 좋아했으므로 여기까지 오지 않았던가

자유도 남용하면 독毒이 되나니

내 자유는 내 미래이고
나는 나의 자유의 노예 되어
우린 이 시간에도

어느 장독 항아리 메주와 소금이 되고
비바람과 놀다 익은 간장처럼 우린

익어가는 중이다

그러므로 무슨 일 무슨 문제라도 배려를 못 하랴
작은 친절 속에서 작은 신뢰가 쌓이니

배신도 배반도 없는 천국의 안식과 평화가
천군 천사처럼 나도 모르게 찾아오고야 말 것이다

그래, 비 올 때 뚜껑이 열린 항아리는
믿었던 이름의 발걸음을 주시할 것이다
뜀박질을 호흡할 것이다.

4부

나는 눈이 오는 날은 붕어빵집에 간다

모닝커피

그대 얼굴이 보인다
앗, 금방 사라진다

졸아들면서도 웃는
커피

어젯밤 내린 봄비 같은
커피.

계륵鷄肋*

평소엔 아무 소통이 없던 친척들을
시제 때 선산에서 만나니
할아버지를 뵌 듯합니다

슬프고 힘들 때보다는
기쁠 때 만나면 더 좋지
그렇게 기다리고 기다리다가
그래도 일 년에 한 번이라도 만나겠지
그렇게 고대하다가
시제 때 뵈니
우린 어딘가 많이 닮았습니다

올해도 어김없이 시제에 참석했다고
나의 도리를 다한 것은 아닙니다
나의 길을 부모님의 길로 바꾸어야 합니다
가까운 사이일수록
서로서로 할아버지 할머니가 되어야 합니다.

---

* 鷄肋 : 닭의 갈비뼈 같은 걸 취해 보아도 이렇다 할 이익은 없지만, 버리기는 아까운 것을 비유하는 말이다.

정

-황혼에서

가슴에 정의 집을 짓는다
가슴 황량한 한쪽을 떠돌던
그리움으로 기둥을 세우고
못다 한 말들로 벽을 바르고
진실만 가득 방에 채운다
바람은 제멋대로 가더라도
정은
오늘을 건너 내일에 동행해야 하기에
정은 언제나
이해와 배려 속을 떠돌다가
안개 어디쯤에서 기다리고 있을
가녀린 꽃망울의 길을 예비한다
사랑은 자주 종이배이기에
고독을 축배의 잔처럼 들고
바닷길로 접어든 강물 소리를 듣는다
구름은 제멋대로 가더라도

정은 언제나
믿음에서 믿음으로 건너가는 배이기에
거창한 의식은 없지만
정은 황혼에도 정이 궁금해
마음은 벌써 새 정이 시작되는
아침으로 가고 있다.

심천일기心川日記 1

바람이 분다 지나간 것들 까마득히 지워졌다고 여겼던 옛 사랑이 봄바람 뒤꿈치에 걸려 화들짝 튀어나와서 뚝 방 비탈에 주저앉아 젖은 갈대들이 옷깃을 여미기 바쁜데 겨우내 앓던 열병들이 버들강아지 고운 솜털 위에 연지 바르고 자목련에 장삼고깔 씌우고 있고 어릿광대 옷을 입은 산유화가 뒷산 진달래꽃 있는 대로 다 터뜨리고 있다 꺼내려면 꺼내려 할수록 더 살 속을 비벼 들어간 우울한 것들 두레 품앗이하는 그 모습 내 눈을 지긋 밟고 있구나 그러니 봄엔 철새들이 지낼 곳이 못 된다 그러니 아까부터 신의가 없는 자는 제 행동이 자연스럽게 들통나니까 봄엔 각별히 조심하라

봄에 가만히, 가만히 오는 것은 다 눈시울이니까 모르게, 아무도 모르게 내 심心에 들어오는 것은 목마름이니까 그러니 멀쩡한 두 눈이 동구 밖만 내다보면 가슴이 탄다 그러나 모두 다 지나간다는 듯 내 천川에 쌓인 안개에 바람이 살랑살랑 불었다 강江이 얼씨구 좋다고 노를 내밀었다 노를 마구 젓자 눈에 그토록 그리던 섬이 요동쳤다.

심천일기心川日記 2

어제 모처럼 찾아갔던 주남저수지 그 호숫가에 우리 할아버지 같기도 하고 아버지 같은 우람한 버드나무 한 그루가 있었는데 운동화 사이로 뭔가 움직이는 느낌이 있어 앉아 가만히 살펴보니 달팽이 한 마리 그 나무를 기어오르고 있었습니다. 한마디로 이 모습 정말 마음에 들었습니다. 꿈이 멀다고 불평도 원망도 안 하고 주어진 길을 꾸준히 오르는 이 모습, 사랑 그리움 그런 제목 달아도 좋겠습니다. 그런데 자세히 보면 위험천만한 여정입니다. 발 잘못 디디면 한순간에 땅에 떨어져 호수에 퐁당 입니다. 그러나 다시 보면 아주아주 잘생긴 달팽이가 누굴 기다리고 있는 게 보입니다. 아까까지 내 곁에서 춤추고 노래 부르다가 나도 모르게 떠난 새 기다림이 오래 깊어 그런 게 보였는지는 잘 모르겠으나 분명한 것은 내 청춘에 길이길이 새길 사랑이었습니다.

난쟁이 반달이가 백설 공주를 좋아하는 아득한 여로에

난쟁이 반달이가 백설 공주를 좋아하는 아득한 여로에
사과 하나 익어가고 있다
좋아하는 사람을 쳐다보면 쳐다볼수록 얼굴이 빨개지니

난쟁이 반달이가 백설 공주를 좋아하는 아득한 여로에
사과 하나 맛 들어가고 있다
계모 왕비가 백설 공주를 자주 괴롭히지만, 그 괴롭힘 때문에
백설 공주를 향한 마음이 더욱더 단단해졌고
그의 여섯 형님이 자주 백설 공주 험담을 해도
자진모리장단으로 넘겨버리고
어떻게 하면 백설 공주를 더 멋지게 더 아름답게 지킬 것인가
그 일에 골몰했다
언젠가 그에게도 길게 사무친 노래 부를 날이 올 것이다
그는 온몸을 조여 오는 찬바람까지도 기회로 여기니

낮엔 해가 백설 공주 같고 밤엔 백설 공주가 달 같아서
귀뚜라미 울음이 아리아로 들린다
그렇다. 지고지순한 마음에 단물이 고이는 것이다.
우직한 발걸음에 맛이 드는 것이다
우리도 그 고단한 길을 쉬지 않고 기쁨으로 가면
백설 공주도 만날 수 있을 것이다.

목련꽃 당신

이미 빼앗겨 버린 마음은 마약 같군요
그런 추억 속에 그런 이상은 잊히지 않는 것 같습니다
아직도 못다 한 말이 남아 있다는 증거이고요
사람은 누구나 제 그리움으로 사는 것 같습니다.

은은한 당신의 향기는 하늘 같은데
우리 사이는 캄캄한 밤이어서
당신의 가지를 흔들던 바람은
내 고적함이랍니다

부드럽고 품위 있는 당신은 별 같은데
우리 사이는 구름이어서
당신의 눈을 흐린 안개는
내 불면이랍니다

얼굴도 예쁘지만, 마음은 더 예쁜 당신!

이 길 끝까지 당신과 같이 걷고 싶어도
그러나 나로 멀리 떨어져 있는 당신!

아, 당신을 바람 속에서 기다린 탓인지
아아, 우리 사이는 가뭄만 오래이어서
당신의 머리 위에 내린 비는
부디 건강하고 나 잊지 말라는
내 기도이랍니다

그리고 가끔이라도 당신도 내가 보고 싶나요?
그윽한 당신의 향기 속에서 내 소식을 전합니다.
(나는 잘 있어요. 이렇게 당신을 그리워하며…….)

7월에는

7월에는 그대여
새벽 바다에서 기다리겠습니다
그 새벽 강나루에서 닻을 준비하는
사공의 손을 꽉 잡고 서서,
어둠이 짙을수록 더욱더 맑아지는
환한 아침이 되겠습니다
깃이 숭숭 돋아나는 갈매기가
수평선 밖에서 손짓했을까
꽃구름처럼 날아가 버린 그대여
그대가 떠난 하늘 밑으로
고래와 파도도 돌아오는데
나의 가슴은 한 송이 달맞이입니다
그대가 안길 시간인데
사랑과 눈물로 얼룩진 저녁놀이
아무 말 없이 서산에 기울 때는, 그대여
바쁜 일이 생긴 줄 여기겠습니다

잊으려야 잊을 수 없는 7월에는
바람 가득 찬 향기 날리며
오직 그대 하나만을
아, 새벽 바다에서 기다리겠습니다.

밥그릇

고맙습니다
당신은 언제나 나를
부지런하게 만들어주십니다

감사합니다
당신은 무슨 어려운 일을 만나면
먼저 식구들을 생각하라 하십니다
밥은 사막에 맞물려 있는 물관이라 하십니다
식구들의 행복이라 하십니다

잊지 않겠습니다

광야에서 사막으로 막 내몰린
낙타의 오아시스 같은
남의 밥그릇을 빼앗으면
이웃고 고아라는 것을,

자손 대대로 원망이 이어져

자식들에게까지 욕바가지라는 것을,

자족하는 마음에 감사할 일이

더 많이 생긴다는 것을,

내가 오늘 있는 것은

부모님의 은혜와 사랑이라는 것을,

식탁에서(새삼) 만납니다

우리들의 밥이셨던 부모님

식탁에서 만납니다.

그 남자가 말했다

외로운 단풍나무를 찾아온 안개는
오늘도 말없이 왔다가 말없이 갔어도
안개는 안개로 단풍을 피우며
안개는 가끔 안개로 단풍나무에
키스하고 간다고
단풍나무를 지켜보던 그 남자가 말했다
안개는 그 일을 소풍으로 여긴다던데
단풍나무는 왠지
안개에 말 한마디 못 부쳤다고 하였다
그러다가 어느 날 어쩌다가
안개와 눈이 마주치면
혼자 애 끓이던 그 속울음이 터져서
온 가슴이 저렸다고 한다
그런데 요즈음은
소망은 자유와 같이 있어야
소망답다고 하며

비가 올 때는 안개가 더욱더 그리웠다고 한다
가고 오는 그림자 하나도 없이
안개가 눈에 자꾸 아른거리면
단풍나무는 눈물이 강같이 흐른다고
안개를 지켜보던 그 남자가 말했다
오늘도 안개는 말없이 왔다가
말없이 갔다고 했다.

원추리

아침에 가장 일찍 핍니다
누가 기다리는 것처럼 핍니다
한 곳만 늘 바라보며 핍니다
피어 하루밖에 가지 않아도
하루를 천년처럼 삽니다

실한 꽃은 실한 꽃대에서 핍니다
뿌리가 깊을수록 더 잘 자랍니다
저 마음에서 저 색깔이 나옵니다
난 힘들다는 말은 모르고 삽니다
온화한 한 포기에서 자고
일어나기 때문입니다

생은 겉보다 속이 알차야 한다는
말인지도 모릅니다
해는 져도 결코 세상 종말이 아닐지니

바람에 흔들리면 바람에 맡기라는 말은
우리의 꿈을 두고 하는 말이
아닐 것입니다.

바람에 잠시 꽃대가 흔들리는 사이
내 꿈과 사랑과 가정의 미래가
그 지평이 한층 더 실해졌거나
부족함이 드러났을 뿐입니다.

된장찌개

된장을 풀어놓은 뚝배기 안에
무, 양파, 대파, 청양고추, 바지락, 두부, 쌀뜨물이
어깨동무하고 끓는다
일설一說에는 그 어깨동무를 쇼라고 한다

그러나 메주는 세상에 구수한 게 없어 푸른곰팡이 피우고
세상 사람들은 그 구수한 걸 좇아 슬슬 모여드니
외로울 때 그 구수한 된장찌개를 생각하면
그렇게 정다웠던 친구가 생각나는 것을
그 누가 말릴 수 있겠느냐

그러니 저 궂은비 하염없이 내리는 날
된장찌개를 먹다가 먼 친구가 생각나서
차마 말 못 한 뜨거운 말 한마디로
막걸리 몇 잔을 들이켜면서
어깨동무를 쇼라고 하든 말든 다시 만나고 싶은 것을
그 누가 말릴 수 있겠느냐!

만남

허무한 바람들이 주름
잡는 벌판에
기품 있고 고상하게 피는
목련처럼

이파리보다 꽃 먼저 들어 올리는
그렇게 당차고 그렇게 지고지순한
목련처럼

아, 바람 속에서
그대를 기다리다가
그 시간 바람에 날아가도
곱고 착하게
바람과 싸우다 꽃 피는
목련처럼.

풍등

바람에 자고 일어난다
일 년 내내 여행을 준비했다

사랑이 제 정성만큼 커지고 올라간다는 것을
믿은 이후
그렇게 믿음직한 사랑을 한 번이라도 하고 싶었으나
날 저의 소망의 도구로 여기는 이들만 몰려왔다
그들이 놀이로 다시 접근한다

진실이 가슴에 얼마나 쌓여야 난 뜰 수 있는가
정성이 창자에 얼마나 쌓여야 난 뜰 수 있는가
사랑은 겉이 아니라 속이다

바람만 마구 넣다 빵 터져버린 사랑이여
풍등이 너무 얇아서 우는가

장난치는 어른 옆에서 풍등을 부는 어린아이를 본다
그 아이 시무룩한 소꿉친구에게 풍등을 건네준다
손뼉을 짝짝 친다
풍등이 난다.

시詩가 되려는 소리를 듣지

그대여,
내 가슴에서만 사는 그대여,
그댈 많이 보고 싶은데 볼 수 없을 때는
내 가슴에서 시詩가 되려는 소리를 듣지
그대가 시詩 되려는 소리를 듣지

나의 외로움 아래
얽히고 꼬여 있는 내 핏줄 속에
그대의 얼굴을 늘어뜨리고
크게 그리고 힘껏 그대 이름을 부르면
내 외로움이 그대이고
그대가 시詩라는 것을 알게 되지

나의 슬픔 아래
당신이란 병에 걸려 있는 내 가슴속에
그대의 얼굴을 늘어뜨리고

그댈 불러도 불러도 대답 없는 것 보면
나는 또다시 깨닫게 되지
내가 그대를 사랑해선 안 됨을
정말로 사랑해선 안 됨을

그래도 바람은 불지
그리고 바람 사이사이에서 꽃이 피지
그러니 바람이 세게 불면 그대가
내 가슴에서 기어 나올 줄도 모르지
그래서 바람은 시詩의 시작이지
그래서 그대도 되고 못 한 시詩지.

포도

문득 포도 한 송이를 손에 드니
세찬 비바람에도 끄떡없었던 별들이 나오고요
거름과 태양과 이슬의 노래도 들리고요
손수레와 트럭을 타고 온 냄새도 나오네요.

그러고 보면 산다는 것은 답장의 연속이네요
시시때때로 몰려오는 거센 비바람을 거뜬히 이겨내고
그는 새콤달콤한 기쁨과 슬픔 따위의
정성과 땀방울을 그토록 많이 달고 있었으니

아 앙큼한 그것을 입에 넣고 깨물려고 하니
너무 아플 것 같아, 입술을 오므려 살며시 쪽 빠니
온몸에 퍼지는 그예 새콤한 맛, 그 향기
부모님의 주름진 이마와 손발 이로
하늘을 확 나르다가 이내 깊은 바다에 폭 빠지네요.

우선 부모님께 날 낳으시고 길러주신 은혜와 사랑
참으로 감사하다고 전화라도 드려야겠어요.
그리고 건강식품 하나 보내드리면 좋겠는데
뭐가 좋을까요? 현금이 좋을 것 같다고요
네네 그럼 저 돈 부치러 막 달려갑니다.
감사한 마음으로.

공원에서

한적하고 단풍도 들어
데이트하기 딱 좋은 공원이었는데,

빈 의자 위에 살짝 내려앉은 낙엽들이
서로 악수하며 안부를 묻다가
덥석 껴안고 밀린 회포를 푸는데
오기로 한 그대는 안 보이고

아 갑자기 비가 마구 쏟아져
그 의자 위 낙엽이 다 떠내려가고 있는데

아 그대는 안 보이고
포장마차에서 삶는 어묵 냄새와
꼬치 굽는 냄새만 진동하는데
아 그대가 날이 어두워지기 전에
어서 와야 할 텐데

아 그대 그림자도 안 보여서
비 홀딱 맞고 있는 그 빈 의자가
우체통 같기도 하고 편지지 같아서

나는 자꾸 그 빈 의자 거기에
그대 이름을 하염없이 쓰고 있었으니
이 비 그치면 저 빈 의자에 사나흘
그대의 얼굴이 보이리라.

밤바다에서

외로운데 그 흔한 갈매기도 보이지 않네
파도에 물어볼 거나 우리의 아침에 대해
길은 어둡고 적적한데 그대에게?

나 피곤하여 졸음이 쏟아지면 하늘 별 같은
그대 두고는 차마 못 자 눈먼 파도 되리
기를 쓰며 달리는 물고기 되리 그래도 나
피곤하지 않으리, 아주 신이나 휘파람 불리
가다가 끝내 물거품이 되어도
절대로 후회하지 않으리

나 지금 어디쯤 왔는지 통 모르겠네
파도에 물어볼 거나 우리의 아침에 대해
길은 어둡고 적적한데 그대에게?

애틋한 고요

전깃줄 위에 조잘조잘 까치들
온몸으로 쓰는 편지 간당간당하다
하긴 어렵게 쓴 러브레터가 가식 없지
간절해야 답답한 가슴을 뻥 뚫지

지나가는 길손들이 까치를 우러러본다
하긴 애틋해야 사랑이 잘 익지
그리움이 아름답게 피어오르지

닫혀 있는 창문에 고여 있는 고요들이
전 할 길 없는 그 사랑의 세레나데들이
모진 겨울 견딘 들꽃들의 만화방창들이
이 길에서 비로소 해후하는가?
까치, 어리고 여린 발길을 깨우는
고요 속엔
아득한 애틋함이 끓고 있다.

여행 수첩에서

저기 저 섬에 가고 싶어도 아, 배가 없는 나는
새벽 겨울 찬바람으로 공복감을 달래던
그 허기에서 섬을 사모했던 것,
그렇게 그리움이 깊다면, 어떻게든 출발해야 하는데
어느새 내 앞에 먼저 와 있는 동백,
그 꽃잎에 슬쩍 끼어든 멜랑꼴리들은 얄팍했다.

단 한 번만이라도 섬 눈을 빼앗아야 하는데
단 한 번만이라도 섬에 입맞춤해야 하는데

조금만 더 기다려 줘 그 말은
너무 맥 빠졌다.

그러나 쪽배라도 타고 노 저어 가고 싶다는 말은
정말 맘에 들었다.

저 파도로 가다가 죽어도 좋다는 말은
아주아주 맘에 들었다.

구절초 사랑

비가 창에 떼구루루 구를 때
비에 젖은 구절초에 그대가 보여
와락 눈물이 났어요
홀로 사랑하는 그리움은
잊어야 할 그리움이라고 생각했지요
갑자기 눈앞이 캄캄해집니다
올여름에 그대와 손 꼭 잡고 함께 걷고 싶은
오솔길이 창밖에 아른거렸나 봅니다
만약에 그대가 내게 온다면
구름과 비와 바람을 초월해 오실 것이라고
허허벌판에서 기다리다가
바람에 찍힌 것처럼 느껴져요
그 꽃잎 눈물도 없이 바람에 자꾸 떨어지고 있어도
어쨌거나 향기라는 것을 처음 알았어요
소리 없이 왔다 가는 걸음일지라도
발길은 발길인 것을 처음 알았어요

그렇게 비 오는 날 그대가 슬그머니
창에 찾아온 적 있었어요.

달맞이꽃

사랑하는 사람이 생기면 울 일이, 참 많아요.
그중에서도 억울하게 (...?) 오해받는 사람이
제일 많이 눈물이 나죠
실연당한 사람은 의외로 숨죽여 울고요
자기가 잘못한 사람은 되레 크게 울죠
울음소리 크기에 따라 상황이 바뀌기도 하고
대우가 달라지기도 하니까요

달맞이꽃은 그렇게 피우면 안 돼요
운다고 달은 떠오르지 않으니까요!

그러나 달님! 울음으로 꽃을 피우는 저를
너무 나무라지 마세요
하룻밤이라도 그대의 사랑받고 싶어서
제 울음이 꽃이 되었잖아요
눈물에 사는 그대를 맞이하기 위해

매일 깜깜한 밤중에까지 꽃잎을 들어 올리니까요
설령 이 밤이 이 세상 마지막 밤이 될지라도
그대를 사랑하였으므로 나는 후회하지 않을 테니
나는 진정 행복하였으니.

바람꽃 옆에서

내 눈길에 핀 꽃은
절대로 사그라지지 않는다
험한 길을 만났을 땐 잠시
애창곡에 쉬어갈 뿐이다

그때, 딱 한 번 보고 단번에 확 좋아한 그녀의 입술이 (새삼) 생각난다. 그녀가 한 번쯤 우리의 길을 내게 물을 줄 알았는데 무심히 지나쳤던 그 봄이 생각난다

내 가슴에 핀 꽃은
절대로 낡아지지 않는다
안개를 만났을 때 잠시
못다 한 말에 멈출 뿐이다

그때, 마음이 천사이어서 온갖 바람들이 시기 질투하던 그녀의 아우라가 생각난다. 한 번쯤 뭐라도 주고 싶어 뭘 선

물할까 고민하던 중 아아, 나도 모르게 자취를 확 감춘 그 가을이 생각난다

내 가슴에 새긴 이름은
절대로 지워지지 않는다
비바람이 몰아치고 눈이 와도
첫마음에 늘 박혀 있다.

가시나무새처럼

가시나무새처럼
딱 한 번 울다 죽으려고
아주 뾰족하고 긴 가시를 찾아 헤매는 날은
온종일 비가 내렸다
하나님이 시들은 이파리에 물을 주룩주룩
주고 계셨다

눈이 오는 날엔
별똥별 여럿 내 둥지 앞에 휘리릭 떨어지고
그 별똥별이 잣송이 두엇 내 앞에 떨어뜨렸다 그때마다
들쥐와 족제비와 능구렁이들이 나보다 먼저
그 고소한 알맹이를 다 빼 먹어버려서
텅텅 빈 잣송이를 휘젓기 일쑤였는데
그 고소한 냄새에 그리운 그대 모습이
잠깐 보이기도 했다

그런데 어디에 사는지를 몰라
그저 남쪽으로 남쪽으로 가다가 몸살이 났는가
온몸이 찌뿌둥해도 이게 어서 낫기보다도 어서 빨
리 당신을 만날 수 있기를 간절히 기도한다

나는 지금 가시나무새*처럼 당신 안에서
죽을 꿈을 꾼다.

* 가시나무새: 켈트 신화에 나오는 새로 평생 뾰족하고 긴 가시가 박힌 가시나무를 찾아다니다가 그런 가시나무를 찾아내면 그 가시나무에 돌진해서 가시에 박혀 죽어가면서(...) 가장 아름다운 노래를 부른다는 새다.

소금꽃

흰 바다 하얀 파도가 철썩철썩 울더니
그 서글픈 시간에 엉기는
얼굴 하나

그토록 보고 싶었는데
그 사람 끝내 못 본
하얀 상처

파도에 보이는 얼굴을
땅에서는 끝내 못 본 체
파도에 서둘러 가고 없어야
눈물도 마르는 건지

피라는 그대는 안 피고
여름내 푸르게 세운 꽃대마다
미라가 된

사랑이여

시여.

헛배가 불러서

씨름할 줄 모르는 어떤 부초가 파도들과 씨름하다가 넘어져 파도의 거품들과 거품 속에서 놀다가 그만 거품을 들이켜 배가 남산만 해서 움직이기도 싫고 흐르는 것도 싫은가? 거품으로 몸을 가리고 난파선 널빤지로 숨어들었다 매우 느려 빵소니라고 하긴 그렇지만 한마디로 같잖았다 그런 그의 행동엔 섬이 없었다 때로 우리는 겨울 뒤에 봄을 잊어버리고 때로는 흐르는 것을 두려워한다

들킨 건 얼음 같은 나였다 흐르지 못했다 헛배가 불러서 헛배에 그쳤다.

진실

단풍은 함께 물들었다고 함께 떨어지지 않는군요, 보세요. 색이바래니 속이 훤히 보이고 떨어지니 철새 같은 세상이 보이니 나는 어쩌면 그대를 처음 만났을 때와 그대 그리움의 시간을 제외하면 아, 나는 이 세상의 거짓과 위선을 색칠하는 화가인가 봐요

나는 진실은 언젠가는 통한다는 믿음 하나로 한없는 정성과 교신하며 이별 없는 세상에서 살고 싶어서 이 세상의 허무까지 색칠하고 있으니 내 몸이 붉으락푸르락 안 하고 배기겠어요 그렇지만 뿌리는 아무리 색칠해도 변하지 않고 처음 그대로였어요 그래서 무엇이든 간에 뿌리는 대로 거두나봐요 언제나 진실해야 겠어요.

동백꽃

아주 착하고 예쁜 그녀의 얼굴이 생각난다
너무 흔들려 꺼질 듯 말 듯 한 등불이 생각난다
한마디 의심으로 우리 사이가 끝날 수 있는데도
믿음과 소망과 사랑 따위의 순정을
힘차게 들어 올리는 그 여자가 생각난다
목이라도 감쌀 스카프라도 선물하고 싶은
그때의 겨울 찬바람과 눈이 생각난다
어제는 시詩 속에 살았는데 오늘은 어디에 있는지
얼른 생각이 나지 않는다.

마음이 조급한 자여

이 세상 사람들은 왜 방금 떠난 새는 영영 안 돌아올 거라고 덫을 놓고 총을 쏠까? 정말 안 돌아올까? 가을 되면 친구가 생각나듯 겨울 되면 고향과 부모 형제가 생각나듯 그 그리움 오래오래 묵혔다가 꽃 피는 봄에 소풍 가서 우연히라도 다시 만날 수 있는데 왜 사람들은 그리 조급할까? 어쩌면 저마다 지향하는 색깔이 다르고 풍기는 냄새도 다르고 입맛도 다르기 때문일까? 그러니 문제는 내 욕심을 덮는 일이다 그러니 마음이 조급한 자여 그대 야욕만 채우려는 마음이 아니라면 탐심과 유희를 덮고 동네 뒷산 어린 소나무를 보고 내 사랑의 정의라도 노트해 둘 일이다 다시 돌아올 새를 위하여 그 먼 사랑을 위하여.

안개

내가 나를 감추면 불신이 되지만
내가 나를 들어내면 상생이 된다

늘 대접받고 싶은 것이 교만이라만
섬김은 스스로 베풀면서 올 뿐
생의 시작과 끝에는 누구나 빈손에
빈 잔이다

누가 알량한 안개 뒤에 숨는다
이기주의에 뒤에 숨는다
아, 갑자기 해가 뜨니 드러난다
서푼도 못 되는 편견이
쥐꼬리만 한 오만이.

불면설說

까만 밤을 하얗게 지새웠다는 사람들이 너무 많아 한때 지각하는 사람들이 많았고 덩달아 약국이 벅적벅적하였다. 어떤 이들은 파도가 밤을 잊은 채 철썩거리고 있는 것을 불면이라고 하였고 어떤 이들은 그가 그 바다 아니면 채우지 못할 그 바다의 가슴을 맛보았기 때문이라고 하였다. 또 어떤 이들은 그 거품에 못다 부른 노래가 가득 쌓여 있기 때문이라고도 하였다. 또 어떤 이들은 무슨 걱정 근심 때문이라고도 하였다. 그러나 이렇게 의견이 분분하였건만 어느 하나 틀리었다고 잘라 말할 수는 없다. 사람은 때로 불면을 겪게 되나 제 마음만큼 겪게 된다. 그대는 지금 어떤 불면에 시달리고 있는가!

들꽃 옆에서

언제 어디서나 자신이 가는 길이 지고지순해야
아름다운 미래를 기대할 수 있다고

바람이 자꾸 흔들어도 친구나 이웃에게 도움을 청하지 않고
그 몹쓸 바람을 아예 껴안고 사는 그대는
선구자

누가 물 주고 거름 주는 온실에서 사는 것이 아니라
바람과 장마와 가뭄의 난장에서 사는 그대는
탐험가

그런 그댈 위해 물관이 되고 싶어
빠짝 다가갔을 때, 아주 흔한 꽃이라도
꽃잎만큼은 아주 독특하고 아주 고상한 꽃
나도 그렇게 살라는가?

그러면 언젠가는 저 들녘에서 그대를
편히 만날 수 있다는 건가?

구상나무 속 여인

구상나무가 내 구상 같아서 구상나무에서
오랜 꿈속에 그리던 그대를 구상해봤지
구상에 스케치를 뛰어넘던 일은 우리 옛적 이야기
머리부터 발끝까지 스케치하기
어찌나 자주 흔들리고 어찌나 자주 포즈를 바꾸던지
그대 색칠은 온통 바다이어서
자주 붓이 닳고 자주 물감이 떨어져서
그대는 내 눈 안을 맴돌다가 아무 말 없이
사라지고 있었다

늘 푸르고 늘 우아한 구상나무 속 여인은 너무 슬프고 아름답다
화실에서는 바람결에 묻어오는 그대 냄새만 그리워해야 한다
이제 나는 나의 모나고 각진 것을 손볼 때이다
그 그리움이야 못다 그린 그림이면 족하지 않겠는가

그리움은 막힌 곳일수록 간절해진다
이제 못다 부른 노래만이
내 것이다

구상나무는 언제나 또 그 자리에서
오래 참으며 나를 기다릴 것이다.

우포늪

우포늪에는
무성 영화 속의 늙은 집시
그 집시가 나와 같이 있네 우리는 모두
고향으로 가기 위해서 살아 있는 새들
밑동에 남은 온기로 갈대가 뿌리를 들어 올리는 것처럼
마음은 이미 고향에 가 있네

고향을 찾는 다는 것은 단념하지 못하는 것은
그대에게 평화가 있기를 같아서 늙은 집시도
발바닥에 땀이 송알송알 맺혀 있는데 고향을 잊어버린
가시연꽃은 파도를 베고 낮잠을 자네

이 늪의 탈출구가 어디에 있는지
나는 모르네 내가 아는 것은
저 집시와 새들이 그토록 그리는 고향에서
어머니가 사립문 열어놓고 뒷마루에 앉아 기침하는 소리

뿐이네
저 끝없는 제자리의 시간이 묵묵히 말하네
모든 길은 고향으로 났다고
말하네, 이곳만큼 아늑한 곳은 없노라고.

나는 눈 오는 날 붕어빵 집에 간다

하얀 눈이 펑펑 내리는 날
봉지에서 꺼낸 붕어빵 하나
입에 넣는 순간
혓바닥에 또르르 말리는 눈물이
내 어린 시절에 차표를 끊는다
버스가 어느새
말도 안 듣고 장난만 심했던
어린 시절을 빠져나와
어머니 이마의 주름을 지나
더 주지 못해 안타까워하셨던
어머니의 손과 발에 도착한다

어머니 그 사랑 행여 부서질까 봐
느릿느릿 베어 먹을 때, 슬며시
눈발에 흩날리던 회심곡 한 소절이
내 허기를 어루만지며(열심히 살고 있구나

다행이다. 네, 다, 어머니 덕분으로요.
아니 어머니 사랑으로요)
아아, 그런 소리 자꾸 들리는데
붕어빵은 자꾸 식어간다.

그래, 나는 눈 오는 날은 붕어빵 집에 간다
어머니 그 사랑 먹으려고 간다
어머니 그 사랑 잊지 않으려고 간다
배고픈 사람들은 먹을거리일 뿐이라고 하겠지만
그 불구덩이 같은 어머니 사랑 잊지 않으려고
나는 눈 오는 날은 붕어빵 집에 간다.

계단

계단은
누군가의 미처 하지 못한 말이나
또는 하고 싶은 말의 한恨으로도
기어코 살기는 살아야 한다
계단의 이해할 수 없는 차가움,
양지만 좇던 발길들은
철새의 날갯짓으로 계단에서 멀어진다
더는 기다릴 수 없다는 듯
알몸으로 올라가는 햇볕을 지켜보다가
들통난, 모가지까지 차오른 말은
그 걸음은 계단에서 울지 않는다
열린 창문만 노리는 먼지들이
줏대 없는 사람의 발길을 날린다
아시겠는가
같잖게 사라질 사람은 먼지에서 빛나고
위기를 기회로 여기는 사람은
난간에서 빛난다.

작품 해설

한 사람의 생애 편린片鱗이 영혼의 울림인 시로 들려지다

이석규 시인의 시집《나는 눈 오는 날 붕어빵 집에 간다》에 붙여

이충재(시인, 문학평론가)

한 사람의 생애 편린片鱗이 영혼의 울림인 시로 들려지다

1. 시작하며

시 쓰기와 일기 쓰기의 유익에 대해서 가끔 생각을 하게 된다. 물론 주변부적 편린片鱗들이 요인이 되어 느끼게 하는 생각들이긴 하나 그 순간 생명의 오아시스 혹은 영혼의 창 하나 내고 삶에 대해서와 현재 적 삶에 대해서 깊이 있게 생각하는 기회를 갖게 된다.

그만큼 이 시대는 대화가 단절되고, 어쩌다 마음을 터놓고 대화를 나눌만한 대상을 찾더라도 마음속 그 마음을 다 쏟아 놓치못하고 돌아서서 서운해 하거나 여전히 쓸쓸 해 하거나 아쉬워하는 일이 다반사다.

사람들은 본래 사유의 동물이며 동시에 사회적 동물이다. 이는 관계성을 중요시 하는 피조물이란 뜻이다. 그런데, 소통의 수단이자 환경이 제대로 마련되지 않는다는 것은 심각한 문제가 아닐 수 없다. 그로 인한 개인적 또는 사회적 문제는 심각성 그 수준을 웃돈다고 할 수 있다. 속엣 것을 다 쏟아내지 못하고 살아가는 사람들에게 일기를 쓰라고 권하는 것이 바로 이 때문이다. 시인들은 스스로가 깊은 치유(Healing)을 경험하는 존재들이란 점에서 행복한 순간순간을 맞으며 살아가는 피조물이어야 한다. 문제는 진실성과 순수성이 더 요구된다는 점에서 영혼의 정화를 거듭하지 못한다면 그 또한 시인의 자격에서 반갑지 않은 대우를 받게 될지도 모른다. 동시에 시는 문학으로써 예술성이 내포되어야 한다는 점에서 일정분량의 자기 공부(수련)가 수반되어야만 한다는 것도 잊지 않아야 한다. 필자의 단순 사고의 결과물이 아닌 오래 동안 시와 함께 살아온 인문학 선각자들의 객관적인 의견인 까닭에 귀담아 들어두면 유익이 된다.

특히 이석규 시인에게는 시 문학 장르가 삶에 있어서 어떤 유익이 있으며 동시에 시인에게 있어서 어떤 포지션을 유지하고 있을까를 염두 해가면서 작품의 세계로 성큼성큼 다가 서 본다. 결과는 영혼의 소통, 카타르시스(순수 정화), 현재 적 이탈의 출구, 수다로써 자기 스트레스 파괴, 신세계로의 여행, 미지의 영역 탐구, 그리움, 내면의 우주 발견, 영원성을 향한 끊임없는 소망 읽기, 신을 향한 자기 고백적 성찰 등 충분히 의미를 부여하고도 남음이 많다고 할 수 있다.

시인에게 이렇듯 중요 의미와 순수 동기가 수반되지 않는다면, 아마도 이석규 시인은 시를 쓰지 않았을 뿐 아니라 공허한 인생 중심에서 길을 잃었을지도 모를 일이다. 그만큼 이석규 시인에게 있어서는 시가 곧 일기요, 일상의 스케치를 능가하고도 남음이 있는 친구이자 멘토가 됨에 틀림없다.

우리네 삶은 늘 사유의 그네에 의존하여 허공을 날아오르기도 하고, 지면의 무궁무진한 깊이와 넓이를 느끼곤 한다. 이는 날개가 없고, 땅 속에 굴혈을 내고 들어가 안식할 부리가 없는 단순 인간인지라 어떤 모양으로든 인간 내면의 사연이 자신으로부터 시작하여 가장 가까운 사랑하는 사람이나 관계자 그리고 신에게 읽혀져야만 비로소 영혼의 건강성을 유지할 수 있게 되는 것이다. 그 가교架橋적 역할을 하는 것으로써 시 문학이 이석규 시인과 함께 동거하는 까닭에 시인은 오늘도 여전히 행복한 노래를 멈출 수 없는 것이다.

이번 시집은 신앙시집《외할아버지의 기도》와 더불어 동반 출간되는 은혜를 입고 태어나는 쌍둥이 시집이다. 마치 영적인 세계의 편린片鱗과 세상의 일상적 편린片鱗들을 분리시켜 노래할 수 있다는 점에서 균형이 잡힌 시 문학의 새로운 시도란 점에서 많은 시인들에게나 독자들의 부러움을 충분히 살만한 근거를 남기게 되었다.

필자는 특별한 이변이 없다면 이 시집이 출간될 즈음 이석규 시인과의 반가운 조우가 성사될 성 싶다. 그때는 시인의 영혼과 몸 모두 건강성을 넘어 충분히 내적으로 멋있는 모습으로 변모해 있음을 발견케 될 것이다. 이유는 간단하다. 두 권의 시집('신앙시집'과 '일상시집')을 통하여 켜켜이 쌓이고 무겁고 짓눌러 왔던 내면의 공허함과 갈등과 아픔과 즐거운 독백을 물고 드나드는 숱한 사건사고들로서의 결과물이 줄줄이 시의 동산에 묻혀 꽃이 되고 들풀이 되고 나무가 되고, 돌맹이가 되고 더러는 조류의 날개 짓 또는 그들의 양식이 되어 충분히 정화되거나 날 것으로 새롭게 탄생하는 이미지 개선이 있었다는 것을 전제로 하기 때문이다. 그런 의미에서 필자에게는 이번 두 권의 시집 작품들을 우선

적으로 감상할 기회가 주어졌다는 점에서 크나큰 행운이 아닐 수 없다. 이번 기회에 이석규 시인의 삶의 일정분량을 함께 공유할 수 있었다는 것만으로도 그럴만한 필요충분조건을 모두 갖추었다고 해도 과언이 아니다.

2. 이석규 시인이 낸 시의 숲으로 난 소로小路를 함께 거닐어 보다

필자는 가끔 인문학의 거울 앞에 자신을 세워두고 한참을 머뭇거릴 때가 있다. 그리고 홀로 히죽히죽 웃어 보일 때도 있지만, 더러는 울상으로 인상을 찌푸릴 때도 있다. 또는 근심 걱정에 짓눌린 자신의 못난 모습과 마주할 때가 있다. 그것은 자신의 의도와는 관계없는 마치 카메라 앞에 서게 될 때 자신의 내면과 외면이 확연히 드러나는 듯한 느낌 그대로이다. 일기나 시를 쓸 때도 이와 유사한 경험에 부딪는 경험을 한다. 그러나 인문학의 거울과는 달리 일기나 시를 쓸 때는 정화의 기능이 발휘되어 쓰고 나면 행복하다. 아마도 이석규 시인 또한 같은 경험을 하셨으리라.

이어령 작가는《눈물 한 방울》(김영사)에서 그 느낌을 시인과 독자들에게 솔직담백하게 들려주고 있다.

"글 한 줄 쓰고 마침표를 찍듯이 / 하루해가 질 때마다 / 점을 찍어갑니다. / 그리고 점마다 노을 종소리가 되어 / 울리는 것을 가만히, 엿듣습니다. / 하루 해 뿐이겠습니까? / 한 호흡, 한 걸음, 한 마디, 만나는 사람들과 헤어질 때마다 / 점을 찍고 노을 종소리를 기다립니다. / 한 해가 저무는 지금 빨갛게 불타다 어둠이 되는 노을의 / 까만 마침표를 찍으며 다시 시작하는 글을 생각합니다." -2021.1.31.-

이것이 인문학적 시를 쓰는 이들의 일상적 사유의 세계이며 동시에 순수시純粹詩를 향한 겸허한 자세라고 읽혀진다. 그러면 이러한 습성을 지닌 이석규 시인의 시의 숲을 따라 함께 걸어보기로 하자.

양심이 꽃다발이다!

내 말에 그대가 상처를 입을까 봐
나의 모난 것을 다듬는 고통이
이상과 현실을 아우르는 진통이

꽃다발이다.

배려가 꽃다발이다!

내 말에 그대와 나의 의가 상처를 입을까 봐
내가 조금 손해 본 그때가
내가 조금 양보한 그때가
꽃다발이다.

-〈말言〉 전문

위의 시를 통해서 시인의 인간미, 인간으로서의 마땅히 지녀야 할 격格을 발견할 수 있다. 요즘은 소통이 차단되는 현상이 사회 곳곳에서 모난 모습으로 드러난다. 이는 욱하는 그릇된 본성인 분노로 표출되어 씻지 못할 트라우마를 생산하는 원인자로 등장하기도 한다. 그 모든 현상을 이미 잘 알고 있는 시인은 말 사용에 신경을 많이 쓰고 있다. 그래서 사람을 세워 주는 순기능으로서의 모든 노력을 일컬어 들려지는 긍정적 말 사용을 들어 '꽃다발'이라고 칭하고 있다.

많이 배운 사람이나 일정 분야의 지위를 점하고 있는 사람들이라 할지라도 자기 자신을 제어하는 노력이 습관화되지 않으면 일순간 그로부터 발생하는 소시오패스적 기질이나 사이코패스 기질이 노출되어 심각한 사건사고를 낳는 주범이 되어 패륜적 삶의 헷라이트를 받게 되는 반갑지 않은 인사가 되는 경우가 있다. 순수시를 창작하는 시인들에게도 이 같은 인격적 소양은 예외가 아닌 필수적이어야 한다. 그래서 시인이 먼저 시를 통해서 내적 치유를 경험해야 하는 것이다. 이에 대해서 이석규 시인은 누구보다도 가장 잘 알고 있는 바라 그것을 시로 승화시켜 순화의 열매를 맺기를 원하는 것이다. 그럴 때 비로소 서로의 가슴에 '꽃다발'가득 안겨 주게 된다는 의미를 낳게 된다. 필자가 애독하고 있는 말에 관한 도서가 있어서 함께 공유를 한다. 이재준의 『사람이 모이는 리더는 말하는 법이 다르다』(리더북스)와 히구치 유이치의 『사람이 따르는 말 사람이 떠나는 말』, 할어반의 『긍정적인 말의 힘』, 그레이스 캐터만의 『말 때문에 받은 상처를 치유하라』, 막스 파카르트의 『침묵의 세계』가 그 예다. 우리의 일상적 말 사용과 그리고 시적 언어가 '꽃다발'이 되기 위해서는 어떻게 살아야 할 것인가? 끊임없이 사유하면서 스스로가 낸 질문에 성실한 답을 남겨야 할 것이다. 이것이 우리가 이 시대를 개혁할 병기인 것이다.

안전이 곧 안심이라는 뜻일까?
안전이 곧 행복이라는 뜻일까?
학교 선생인 큰딸이 3시간 반을 운전해서
임지에 잘 도착했다는 전화 한 통에
무사히 도착하기를 마음 졸이며 기도했던
내 기도가, 봄날 목련꽃처럼 핀다
아비는 평생 딸 위해 이파리가 되어도 행복한 게라고
그저 목소리만 들어도 행복한 게라고
주님께 감사찬송을 드리면서
끝없이 스승의 길을 걷고 있을 딸이
드보라 같은 선생님이 되기를
또 기도했다.

–〈전화 한 통〉

시인에게는 두 딸이 있는 것으로 알고 있다. 그 중의 딸

하나가 교사로 임용되어 현직에 몸담고 있다고 들었다. 시인은 딸 바보는 아닐지라도 딸을 사랑하고 그의 장래를 염려하는 마음은 그 어느 부모보다도 깊고 넓다. 이것이 부모의 마음이다. 단순히 딸의 임지로 향하는 교통편을 염려하기 보다는 후자에서 밝힌 바와 같이 딸이 이런 스승이 됐으면 해서, 창세기 35장과 사사기 4장에 주로 나오는 여선지자로 이스라엘 백성들을 구하고 조력자로서의 성경 역사의 한 줄을 장식한 인물로 남은 구약 성경의 드보라와 같은 리더십이 충실한 스승으로 그 역할을 충분히 감당해주기를 바라는 것이다. 시인은 자신의 딸이 그렇듯 학생들을 의로운 길로 가게 하는 조력자로서의 스승이 되기를 바라고 바라는 마음을 담아서 지속적으로 기도를 하겠다는 딸을 향한 거룩한 약속을 위의 시를 통해서 굳게 맺고 있다. 아마도 딸은 틀림없이 그런 스승의 길을 걷게 될 것이라 믿어 의심치 않는 이유다.

채석강에는 혼자 오지 말라

거센, 거센 파도 위에서 춤추는 숭어

장단을 맞추어 주는 부초를 보면
그리운 사람 더욱더 그리우니

채석강에는 혼자 오지 말라

훨훨, 훨훨 바다로 날아가는 갈매기
장단 맞추다가 가랑이 찢어지는 게를 보면
갈매기 깃털에 끼어서라도
그리운 임에게 가고 싶으니

만날 받듦은 받았지만
한 번도 받들어 주지 않은 후회가
거대한 강을 거꾸로 흐르게 하는 듯해서
그리운 사람 더욱 그리우니

–〈채석강〉 전문

위의 시는 시인이 다녀갔을 변산반도의 곳곳 풍광을 잊지 않고 간직해 두었다가 쏟아내는 감성의 산물이라고 할 수 있다. 이 시외에도 부안의 절경을 노래한 시들이 2 편(〈내소사〉, 〈곰소항〉) 남아 있다. 그만큼 시인의 마음을 잡고 놓아주지 않는 명소란 특성도 드러내고 있는 것이다. 그럼에도 불구하고, 유독 시인의 마음을 유혹하고 그 유혹을 바이러스 화 시키는 작품을 든다면 단연코 〈채석강〉이다. 그도 그럴 것이 홀로 좋아하고 감탄을 연발하는 것이 아니라 1연이자 첫 행과 3연이자 첫 행에 '채석강에는 혼자 오지 말라'고 단정지어 명령하고 있기 때문이다. 이유는 채석강에 오면 두고 온 불특정 다수의 그리운 사람들이 가슴을 짓눌러 바닷가나 해변에 잠수하여 귀가를 장담할 수 없는 듯 깊게 매료시키기 때문이란 것이 시인의 숨은 이유이기도 하다. 아무튼 그 정도로 채석강 풍광에 풍덩 빠져 변산반도 바닷가의 그리움을 잊은 듯 한 느낌을 위의 시에서 주고 있다. 필자도 몇 년 전 채석강을 다녀왔다. 아마도 시인과 동행을 한다면 선착장에서 막걸리 한 잔 나누면서 그 감동을 더불어 공유할 수 있었을 텐데라며 아쉬움을 지녀본다.

어무이 숨결이 아직도 바다에서 들리네요 아무리 더럽고 추해도 금방 들어와 깨끗이 씻어 주었던 밀물이, 소라의 귀에 대고 어무이 사랑은 태

풍이 몰려와도 바위에 찰싹 달라붙은 굴이었다고 하네요

어무이는 그렇게 날 키워주셨는데 아아, 이 자식 너무 무심했지요? 늘 주셨지만, 더 못 주어 안타까워하셨던 어무이 주름진 이마와 흰 머리를 생각하니 돛배처럼 에이네요 사랑도 정도 로스탤지어 바닥을 거슬러 올라가는 거라 그럴까요?

오늘도 파도는 높아요 하지만 문제없어요 어무이가 날지켜보고 계신다는 믿음 때문이죠 파도에 들어앉아 있는 어무이의 마음 그 참된 마음을 불혹을 넘어서야 깨달은 거죠 수평선에서 고요히 떠오르는 저 해는 언제 출발했을까요? 찬란하고 산뜻한 아침 해를 젖은 눈망울로 고이 안아요

아침 해의 찬란함도 위태위태해요 수평선에서 산의 계곡을 넘다 난 상처 때문일까요? 어서 돛배라도 띄우고 마중 가야겠어요 늘 자식 걱정뿐이셨던 어무이 마음 조곤조곤 읽어야겠어요 찬란하게 떠오르는 해에 어무이 얼굴이 보이니까요 어머니 그 사랑 내 가슴에 해처럼 빛나니까요.

–〈어무이〉 전문

한반도 가족 구조는 그 어느 민족보다도 더욱 진한 혈육이라는 관계성으로 이루어져 있다. 본인이 눈을 감기 전에는 그 관계성이란 이미지는 늘 가슴에 일정부분 진한 무늬

로 남아 있기 마련이다. 시인의 연령대도 마찬가지로 자식을 향한 걱정과 부모지간에 새겨진 그리움이란 양면성을 지니고 있다면, 이미 고인이 되신 어머니와 아버지는 그리움이란 단면적인 사랑의 증표로 반드시 사물을 매개하여 일어난 감성의 결과물을 낳게 될 것이다.

다만 아버지이든 어머니이든 유독 자신의 인생에서 맞닥뜨리는 희로애락喜怒哀樂의 물결에 어떠한 배를 띄워 구원의 방주 역할을 했느냐에 따라서 그 그리움이 더욱 짙게 나타나는 법이다.

위의 시를 볼 때 단연코 어머니가 그 그리움 중심에 있음을 본다. 어디를 가든, 시름 또한 몰려오고 온갖 삶의 현상들을 맞닥뜨릴 때면 영락없이 찾아와 잔잔한 위로와 또 다른 의미의 강이 되어 유유히 극복케 하는 단초가 된다.

이 어머니에 대한 그리움이 위의 시 말고도 몇 편의 시에 삽입되어 드러남을 확인할 수가 있다. 그만큼 어머니를 향한 시인의 애틋한 감성이 여전히 존재한다는 증거이기도 하다.

외로운 날

바람이라도 부니 고맙다

외롭고 시詩도 잘 안 되는데
그대 생각만 해도 기쁘니, 고맙다
가슴 한쪽이 쓰리고 아파도
그대 생각나니 고맙다

외로운 날
비라도 내려 고맙다
쓸쓸하고 시詩도 잘 안 되는데
나무가 그대같이 보여 고맙다
바위가 그대같이 보여 고맙다

왔다 간 구름과 비 사이에
그대 얼굴이라도 보여 고맙다
바람이 세게 불고 비가 많이 오면
혹 그대가 올지 모르니
구름도 고맙고 비도 고맙다
되고 못 한 시詩에도 그대 얼굴 가득해
그대도 고맙고 시詩도 고맙고
외로움도 고맙다.

-〈외로운 날〉 전문

위의 시를 감상하노라니 정호승 시인의 시 구 하나가 생각이 난다 '살아간다는 것은 외로움을 견디는 일이다' 그래서 시집 제목이 《외로우니까 사람이다》이다. 이 외로움의 반석 위에서 살아가는 이석규 시인은 더욱 더 고귀한 사람이며 동시에 가장 사람의 향기를 지닌, 멋진 인생주자라는 의미를 지닌 주인공이라고 할 수 있다.

외로운 날이면 시인은 그 대상이 '비'든, '나무'든, '바위'든, '구름'이든 모두가 고마운 대상으로 다가온다는 것이다. 그리고 익명의 그 어느 '얼굴'이 반가운 듯 시인의 뇌리를 스쳐 지나간다는 것을 고백하고 있다.

사람만이 외로움을 안다. 외로움은 고독하여 금방 쓰러지고 넘어질 위협적이지 않고, 단순히 감성주의자가 되어 그 호수에서 영혼을 정화 시키고 말갛게 미역 감겨 다시 세상으로 내 보내는 따스한 손길이다. 동시에 미소이다. 그러니까 우리는 용기를 내어 얼마든지 외로워하고 그 외로움을 견뎌야 비로소 참된 인간으로서 가장 아름답게 잘 살아간다고 칭찬을 남길 수 있는 것이다. 그런 면에서 볼 때 이석규 시인은 가장 아름다운 사람임에 틀림없다.

어제 모처럼 찾아갔던 주남저수지 그 호숫가에 우리 할아버지 같기도 하고 아버지 같은 우람한 버드나무 한 그루가 있었는데 운동화 사이로 뭔가 움직이는 느낌이 있어 앉아 가만히 살펴보니 달팽이 한 마리 그 나무를 기어오르고 있었습니다. 한마디로 이 모습 정말 마음에 들었습니다. 꿈이 멀다고 불평도 원망도 안 하고 주어진 길을 꾸준히 오르는 이 모습, 사랑 그리움 그런 제목 달아도 좋겠습니다. 그런데 자세히 보면 위험천만한 여정입니다. 발 잘못 디디면 한순간에 땅에 떨어져 호수에 퐁당 입니다. 그러나 다시 보면 아주아주 잘생긴 달팽이가 누굴 기다리고 있는 게 보입니다. 아까까지 내 곁에서 춤추고 노래 부르다가 나도 모르게 떠난 새 기다림이 오래 깊어 그런 게 보였는지는 잘 모르겠으나 분명한 것은 내 청춘에 길이길이 새길 사랑이었습니다.

-〈심천일기心川日記 2〉 전문

위의 시는 〈심천일기心川日記 1〉와 함께 감상을 해야 그 의미가 더욱 짙게 다가온다고 할 수 있다. 두 편의 시가 다 추억을 노래하고 있기는 하지만 '~ 1'에서는 옛 사랑에 실려

오는 감흥과 그 감흥으로부터 파편화 되는 이미지를 노래하고 있으며, '~2'에서는 할아버지와 아버지를 닮은 거목 사이에서 민달팽이 한 마리를 통해서 자아를 들여다보는 계기가 연출되고 있음을 본다.

이것은 감성의 부드럽고도 예리한 촉을 가진 시인에게만 노출되는 영역으로서 삶의 가치와 의미 그리고 행복한 순간을 자아내게 하는 창조적 감성이 아직 살아있음의 반증이라고 할 수 있다. 그러니까 시인은 작은 솔바람에도 잠 못 들 때가 있다. 그뿐 아니라 작은 꽃잎의 미소에도 가슴의 떨림은 천둥 번개 같아서 한참 진정 기미를 보이지 않게 되는 순간을 경험하게 된다. 이것이 바로 자연과의 몰아沒我를 통해서 자아와 피조물로서의 인간의 정체성을 찾아가는 발로를 제기하는 동기가 된다. 시인은 이 모든 현상을 자신의 호號를 딴 '심천일기 1,2'에 수록 시키고 있음을 볼 때 결코 곁길로 갈 수 없는 순수 지향적 삶을 영위하게 하는 형이상학적 사유를 낳는 시인임에 틀림없다.

흰 바다 하얀 파도가 철썩철썩 울더니

그 서글픈 시간에 엉기는

얼굴 하나

그토록 보고 싶었는데
그 사람 끝내 못 본
하얀 상처

파도에 보이는 얼굴을
땅에서는 끝내 못 본 체
파도에 서둘러 가고 없어야
눈물도 마르는 건지

피라는 그대는 안 피고
여름내 푸르게 세운 꽃대마다
미라가 된
사랑이여
시여.

-〈소금꽃〉 전문

염전鹽田을 방문하면 세 종류의 노동자를 만나게 된다. 하나는 실소유주로서 따가운 햇살을 누비며 소금을 생산하는 직접적 노동자이고, 두 번째로는 채취한 소금을 구매하여 드리는 매매자로서의 노동자요 마지막 세 번째는 염전 곳곳을 돌아보면서 그 일상적 풍경이 된 현장을 만끽하는 일시적으로 다녀가는 관광객으로서의 노동자인 것이다. 목적은 조금씩 차이가 있을지 몰라도, 염전을 다녀 온 사람들은 한결같이 깊고 진한 그 무엇을 느끼고 돌아온다는 점에서 거시적 안목으로는 한마음이라고 불러도 개 않다.

시인은 이 소금꽃을 통해서 삶을, 사랑하는 사람을, 실존적 관계성을 그리고 그 모든 것을 주제로 삼아 의미를 전달하는 매개로서의 시를 연상하고 창작으로 옮기고 있다. 이는 시인이 가지고 있는 감성이 빚어낸 바닷가 풍경의 회화적 기풍을 살린 삶인 가치인 것이다. 그리고 그 영역에서 시인은 안위를 누리고 외로움을 달래기도 하고 그리움에 취해서 머뭇거리면서 삶의 깊고 넓은 곳에서 불어오는 의미의 호수에 풍덩 빠져보기도 하는 것이다. 그 마음에 소금꽃 반짝이는 풍경이 있으니 시인은 참으로 행복한 사내임에 틀림없다.

하얀 눈이 펑펑 내리는 날
봉지에서 꺼낸 붕어빵 하나
입에 넣는 순간
혓바닥에 또르르 말리는 눈물이
내 어린 시절에 차표를 끊는다
버스가 어느새
말도 안 듣고 장난만 심했던
어린 시절을 빠져나와
어머니 이마의 주름을 지나
더 주지 못해 안타까워하셨던
어머니의 손과 발에 도착한다

어머니 그 사랑 행여 부서질까 봐
느릿느릿 베어 먹을 때, 슬며시
눈발에 흩날리던 회심곡 한 소절이
내 허기를 어루만지며(열심히 살고 있구나
다행이다. 네, 다, 어머니 덕분으로요
아니 어머니 사랑으로요
아아, 그런 소리 자꾸 들리는데

붕어빵은 자꾸 식어간다

그래, 나는 눈 오는 날은 붕어빵 집에 간다
어머니 그 사랑 먹으려고 간다
어머니 그 사랑 잊지 않으려고 간다
배고픈 사람들은 먹을거리일 뿐이라고 하겠지만
그 불구덩이 같은 어머니 사랑 잊지 않으려고
나는 눈 오는 날은 붕어빵 집에 간다.

-〈나는 눈 오는 날 붕어빵 집에 간다〉 전문

붕어빵은 오래전부터 서민의 양식으로서의 대명사로 알려져 있다. 그만큼 저렴하고도 빠른 시간 내에 배를 불릴 수 있는 서민에게는 소중한 양식인 것이다. 특히 추운 겨울날이면 붕어빵 한 마리 가지고서도 시장기와 추위를 넉넉히 잊을 수 있을 만큼의 양분과 온기가 있어 언제나 대환영이다.

특히 이 시에서 붕어빵은 곧 시인의 어머니를 연상시키는 매개체로서 다시 한번 그리움 짙은 노래를 불러보는 계기를 마련하게 된다. 그만큼 어머니를 통해서 어린 시절 혹은 일생 어느 시점에서 붕어빵과 어머니의 삶이 오버랩되어 시인의 정신세계의 보금자리를 마련해 두었음이다.

일전에 가난을 이기지 못해 몹시도 슬퍼하고 아파했던 한 중년이 붕어빵 하나의 추억을 잊지 못해서, 매년 차가운 겨울이 돌아오면 습관적으로 붕어빵 포장마차를 서성이게 된다는 이야기를 들은 적이 있다. 누구나가 밝히지는 않았지만, 눈이 오거나 혹은 비가 내리든 자신만의 말 못 할 추억의 산실을 찾아 길 떠나는 감성이 살아있을 것이다. 그렇다면 이들은 진정 사람의 향기를 잃지 않은 마음 따스한 사람이다. 이석규 시인 역시 이에 해당하는 천상 시인이다.

3. 시인과 더불어 시의 숲 망루望樓에 서서 서로 대면하고 삶의 의미를 묻는다

우두커니 머물다가 스쳐 지나가는 고독한 바람을 맞고, 휘청거리다가 다시 시를 쓰기도 하고, 시를 읽기도 하다가 문득 정신을 차리고 이런 생각에 뚝 하고 떨어져 뒹군 적이 있다. 삶이 다 이런 것이라는 식의 말이 위로가 되지 않는 것처럼, 21세기 천민자본주의 시대에 시가 그리고 시인이

무엇을 할 수 있을까 골똘하게 생각해 볼 때도 있다. 솔직히 답을 내지 못하고 그냥 시를 읽을 때처럼 시인의 삶을 살아가는 내가 몹시 미울 때가 있다.

그럼에도 불구하고 시인들이 낮 밤을 구분 없이 시에 목을 매거나 일상적인 현상을 뒤로하고 시에 골몰하며 시에 심취되고 있음을 쉬 목격하곤 한다. 그리고 그들의 행복한 미소를 발견하고는 나름 답을 내린다.

시에는 치유의 힘이 있다. 공감을 통한 내면의 역기능적, 역 상관적 찌꺼기들은 시의 갈퀴로 긁고 끌어올려 불구덩이에 던져 놓는 용기 있는 그 누가 있기에 그나마 시가 읽히고, 잉어가 물 바깥으로 튀어 오르듯이 시집들이 세상 밖, 독자들에게 튀어 올라 영적인, 그리고 정신적인 치유의 촉매 역할을 감당하는 것이다. 그것이 현재적 답이라고 보았다. 그럼에도 불구하고 아직 정신을 못 차리고 있는 시인들도 있다.

문단 권력이나 일삼고 그 현장에서 무엇인가를 한 번 해보려고 또는 한탕주의를 노려 독자들을 노엽게 하는 그런 시인들도 많다.

최소한 서정시로 영혼의 정화를 시도하는 이석규 시인과

주변의 맑은 영혼을 지닌 시인들은 그들과는 분명 다른 시인의 길을 걷고 있음에 반갑고 감사하다.

시인들이 영혼의 자유를 표방하고는 있다고는 하지만, 많은 시인들이 방종에 가까운 도덕, 윤리를 저버리는 행위들을 아무렇지도 않게 자행하는 시대에 이석규 시인은 아주 편안하게 그리고 지극히 원칙적인 행보로 시단에 신선한 분위기를 불어넣어 주고 있음에 안도의 숨을 몰아쉬게 된다.

이어령 교수는 시에 대해서 다음과 같이 말하고 있다. "시는 말로 지은 집입니다. 벽돌로 집을 짓듯이 말 하나하나를 쌓아 완성한 건축물입니다. 초가집이나 벽돌집이니 하듯이 시 한 편은 곧 한 채의 '말 집'인 겁니다." 그래서 이석규 시인은 1부에 수록한 시 〈말〉에서 언어의 그리고 말의 중요성으로서의 '꽃다발'이라고 표현하고 있는 것이다. 그만큼 시인은 일반적인 대화를 나누고 발표를 통하여 의사를 표명할 때도 시인답게 해야 함이 맞는 것이다.

이뿐이 아니다. 시인들은 가능한 한 중심론적 사관을 지니고 시대를 올바로 분별하고 진단하여 그 결과 치를 가지고 시의 주제로 노래해야 비로소 시가 건강성을 유지할 수 있게 되는 것이다. 이에 김춘수 시인은 에세이《왜 나는 시인인가?》에서 시인의 정체성에 대해서 극명하게 선포하여 들려주고 있다.

"진보니 역사니 이데올로기니 하는 말들을 싫어할 뿐 아니라 관념으로는 무시하기 때문에 나는 시인이다. 내재적 접근이니 경계인이니 하는 알쏭달쏭한 말, 즉 궤변으로 사태를 호도하려는 사이비 지식인을 싫어하고 미워하기 때문에 나는 시인이다. 지식과 지성인을 구별해서 대하기 때문에 나는 시인이다. 어떤 방면의 지식을 좀 가지고 있다고 해서 지성인이 되지 않는다. 사리를 공명정대하게 판단하고 뭣보다도 도덕적으로 깨끗해야 한다. 그것이 지성인의 자격이라고 믿기 때문에 나는 시인이다. 왜 나는 시인인가? 존재하는 것의 슬픔을 깊이깊이 느끼고 이해하려고 노력하기 때문에 나는 시인이다. 그중에서도 사람이란 덧없이 슬픈 존재다. 사람으로 태어난 슬픔을 아름다움으로 승화시켜야 한다고 깊이깊이 느끼고 생각하기 때문에 나는 시인이다. 그러나 나는 아직도 이 점에 있어 많이 부족하다. 그것을 솔직히 남 앞에 털어놓을 수 있기 때문에 나는 시인이다. 그 상태를 시로 쓰고 있기 때문에 작품(poem)으로 다듬어보려고 힘을 다하고 있기 때문에 나는 시인이다."

이미 김춘수 시인의 고백에서 시인이 취해야 할 최소한의 덕목이 다 들어 있다고 봐도 과언이 아닐 만큼 진실하다.

이석규 시인의 많은 작품들을 감상한 결과 이석규 시인은 이에 가까이 다가서 있는 시인 중 시인이다. 그래서 참된 시인이다. 그 시심으로 이후의 더 좋은 시를 지속적으로 창작하리라 기대되는 까닭에 건필을 기원하는 것이다. 이 귀한 시집이 뭇 독자들의 영혼을 울리고 그들의 영혼을 정화시키고, 깊은 위로를 하는 건강한 사유의 집을 제공하는 도구로 쓰임 받기를 기원하며 이 글을 마치려고 한다.